Bartholomews

Lachende Weisheit

Bartholomews

Lachende Weisheit

Bd. 1

ch. falk-verlag

Aus dem Amerikanischen
von Anna-Christine Raßmann

Redaktion: Nikola Meurer

2. Auflage 1990

Umschlaggestaltung:
Angelo Falk und
Manuela Rosenkind

Satz: Indragni, Ascheberg-Herbern
Druck: F. Steinmeier, Nördlingen

Printed in Germany
ISBN 3-924161-29-1

Inhaltsverzeichnis

Teil 1
Beziehungen

Was Liebe nicht ist 13

Ich meine, daß sich eine eurer wichtigsten Aufgaben auf Erden um die Liebe dreht und um alles, was Liebe wirklich bedeutet. Deshalb ist es ebenso notwendig, herauszufinden, was sie nicht ist.

Seelengruppen 23

Haben wir die Tendenz, gruppenweise zur Erde zu kommen — wie die individuellen Zellgruppen im Körper, die die verschiedenen Organe bilden?

Das Geschenk der sexuellen Energie 38

Fern liegt es mir, Regeln für euer Sexualverhalten aufzustellen. Dafür seid ihr ebenso selbst verantwortlich wie für alle Normen, nach denen ihr lebt.

Selbstliebe 52

Wenn das Leben ein „Lernprozeß" ist, weshalb muß er dann oft so schmerzlich sein?

Teil 2
Das Selbst

Angst 69

Jene dunkle und schwierige Seite des menschlichen Weges zur Freiheit, die ihr „Angst" nennt, möchte ich lieber als Mangel an Verständnis bezeichnen.

Spirituelle Wesen auf Erden 85

Würdest du uns erklären, was eigentlich einen „spirituellen" Menschen ausmacht?

Meisterschaft 102

Ein wahrhaft „göttlicher Mensch" ist ein Meister.

Die zwölf Ströme der Kraft 118

Oft haben wir davon gesprochen, daß ihr auf einer Reise seid. Nun fordere ich euch auf, herauszufinden, daß ihr alle dafür erforderlichen Kenntnisse und Kräfte bereits „mitgebracht" habt.

Höhere Energiefelder 133

Notfälle gibt es nicht nur auf Erden; wie oben, so unten. Basierend auf dieser Einsicht, möchte ich jetzt ein Thema anschneiden, das bisher noch nicht von Bedeutung war.

Teil 3
Der Weg

Aus dem Augenblick heraus leben 151

Würdest du deine scheinbar widersprüchlichen Aussagen — „Ein Guru kann hilfreich sein“ und „Gib deine Macht nicht an andere ab“ — erläutern?

Das Herz öffnen 165

Es gibt im Menschen den Wunsch, seine Liebe auszuweiten und seine Beziehungen so zu transformieren, daß sie für ihn selbst, jeden anderen und für Gott bessere Werkzeuge werden.

Meditation als Weg zu innerer Bewußtheit 183

Bitte, sprich doch einmal über einige jener ungewöhnlichen Symptome, die gelegentlich beim Meditieren auftreten!

Die Botschaft des hl. Franziskus 199

Statt über Christus zu sprechen, möchte ich euch heute mit einem „Christen“ bekannt machen, weil mir scheint, daß ihr an ihm besser euer eigenes Dilemma erkennen könnt.

Der Tröster 213

„Er wird euch alles lehren und alle Dinge in Erinnerung rufen. Macht euch das Herz nicht schwer und fürchtet euch nicht. Ich bin immer bei euch.“

Nachwort 229

Widmung

In tiefster Dankbarkeit für Bartholomäus.

Dafür,
daß er mit Weisheit, Liebe und großem Humor
einen Teil seines Bewußtseins mit uns teilt,
damit wir an Kraft und Verstehen gewinnen.

Beziehungen

Es gibt nichts besseres als eine neue Romanze,
um das Herz singen und Karma fließen zu lassen.

Was Liebe nicht ist

Seelengruppen

Das Geschenk der sexuellen Energie

Selbstliebe

Was Liebe nicht ist

3. Februar 1979

Socorro, Neu Mexiko

Ich glaube, eines eurer wichtigsten Anliegen auf der irdischen Ebene ist die Liebe und die Frage, was Liebe eigentlich ist. Dazu muß man auch klar herausstellen, was Liebe *nicht* ist, denn dieses sehr einfache Thema ist von vielen Illusionen umsponnen.

Manchmal fühlen sich Menschen mit anderen in einem Zustand, den sie Liebe nennen. In ihren Augen ist diese Liebe etwas sehr Starkes, Tiefes und Anhaltendes. Das Wort, das hier meiner Meinung nach fehl am Platze ist, ist „anhaltend“. Denn wenn man diese wunderbare, ewige „Liebe“ einmal näher betrachtet, entdeckt man, daß sie nicht anhaltend ist.

Nehmen wir zum Beispiel zwei Menschen, die glauben, sich in einem Zustand tiefer, dauerhafter Liebe zu befinden. Im Verlaufe ihres gemeinsamen Lebens geschieht eines Tages etwas Seltsames. Sie haben über ein Thema, das ihnen beiden sehr wichtig ist, eine ernsthafte Meinungsverschiedenheit. Auf diese Situation können sie verschieden reagieren. Wenn es sich um Intellektuelle handelt, werden sie streiten, und jeder wird seinen eigenen Standpunkt verteidigen. Wenn es „nette“ Leute sind, die von Streiten nichts halten, werden sie ihre Unzufriedenheit in unterschwelligen Andeutungen ausdrücken. Wenn sie sehr emotional sind, werden sie brüllen und sich anschreien. All dies sind Formen von Ärger und Wut — nicht von Liebe! Liebe kommt nicht auf solche Weise zum Ausdruck, und bei genauer Betrachtung werdet ihr sehen, daß scharfe Zwischenfälle wie diese in euren Beziehungen häufig vorkommen.

Was ihr für Liebe haltet, ist in Wirklichkeit *Anziehung.* Und mit der Anziehung kommt das Abstoßen. Beide gehören zusammen. Jemandem, der sich in einer tiefen Beziehung mit einem anderen befindet und dabei nicht ehrlich genug ist, dieses Angezogen-und-Abgestoßen-Sein einzugestehen, wird man wenig sagen können. Es ist wirklich naiv, zu meinen, das starke Gefühl, das ihr für jemanden empfindet, sei „Liebe". Bei genauerem Hinschauen wird euch klar, wie viele sehr dunkle, negative, ärgerliche und egoistische Gedanken euch durch den Kopf schießen. So *ist* das bei den Menschen. Laßt uns also anschauen, was Liebe *nicht* ist.

Liebe ist nichts, was wie eine Glühbirne an und aus geht. Liebe hat man nicht an einem Tag und am anderen nicht. Dies ist keine Liebe, sondern Emotion. Ich möchte gern all den falschen Glanz, mit dem ihr die Liebe umgebt, von den Spiegeln eures Denkens abwischen! Denn solange ihr den nicht als solchen erkennt und eure wirklich ehrlichen Gefühlstöne gegenüber den wichtigen Menschen in eurem Leben wahrnehmt, könnt ihr gar nicht wissen, was Liebe ist.

Warum soll es denn so wichtig sein, was Liebe wirklich ist? Viele von euch meinen, ihr erfahrt die Liebe eben so gut, wie ihr damit umzugehen wißt — ich finde jedoch, daß ihr so noch keineswegs das Beste erlebt, zu dem ihr fähig seid. Denn das ist um so viel, viel besser als alles, was ihr bislang als „das Beste" akzeptiert habt, daß eure Interpretation des „Besten" daneben nur wie ein schwacher Abglanz ist. Ich möchte euch ein paar Tips geben, die euch vielleicht dazu bringen, eure Illusionen über das, was in euren Beziehungen geschieht, zu durchbrechen. Jemand, der liebt und sich für einen total und vollkommen Liebenden hält, wird sich nicht ändern wollen. Nur jemand, der ganz klar auch jene Bereiche sieht, wo er nicht liebevoll ist, wird sich ändern. Das macht das Ganze dynamisch und kreativ, denn erst, wenn du siehst, wie „lieblos" du selber noch bist, öffnest du dich der Möglichkeit, zu lernen. Das ist ein sehr bedeutsamer Schritt in diesem ganzen Prozeß der Befreiung.

Wer soll dich indes lehren? Das hängt davon ab, wer du bist und was dich anspricht. Wenn du ein Individualist bist und gezielte Hilfe anderer ablehnst, wirst du deinen eigenen Mechanismus benutzen und lieber selbst lernen. Dies ist ein harter und schwieriger Weg, denn nicht immer vermagst du wirklich zwischen Realität und Illusion zu unterscheiden, und so gerätst du leicht auf die Abwege düsterer, sumpfiger und unkreativer Lebensbereiche. Näherliegend wäre es, dich eine Zeitlang einer „Autorität" anzuschließen, die bereits einen Weg für dich freigesprengt hat, und dich, so gut du es *auf deine eigene Weise* kannst, darauf voranzutasten. Dann stehen dir viele Wege offen. Du kannst dich an einen lebenden „Meister" oder „Guru" wenden, aber das sind keineswegs die einzigen verfügbaren Autoritäten. Viele „Weise", die jetzt tot sind, haben sehr offensichtliche Wege hinterlassen, und du brauchst dich nur durch ihre Bücher mit ihnen einzulassen. Schau die Liste durch und finde jene, die mit deinem eigenen Wesen in Harmonie sind, und laß dir von ihnen helfen, der Liebe näherzukommen.

Du mußt also zuerst die Bereiche in deinem Inneren entdecken, die sich lieblos ausdrücken, und dann eine „Autorität" finden, die die Wirklichkeit der Liebe verkörpert, nach der du strebst. Es muß nicht unbedingt jemand sein, der noch auf der irdischen Ebene ist. Bitte verstehe, daß die getrennten Körper bloß eure Illusion sind und nicht die höchstmögliche Wahrnehmung! Wenn jemand nicht mehr verkörpert ist, bedeutet das nicht, daß seine dynamische und kreative Weisheit dir nicht mehr verfügbar wäre. Wohin sollte diese Weisheit auch gehen? Sie bleibt im großen Meer des Bewußtseins, das sie durchdringt und übersteigt, immer verfügbar. Große Wahrheit und Weisheit sterben nie. Sie haben eigene Impulse, eine Eigenbewegung, die durch die ganze Schöpfung schwingt. Sobald du dich also von einem Weg oder einer Wahrheit angezogen fühlst, sei dir bewußt, daß diese Wahrheit, um mit euren Worten zu sprechen, noch immer „im Äther" aufgeschrieben ist. Man kann daraus schöpfen und sie ins dynamische Bewußtsein zurückholen. Wenn du etwa beschließt, daß Christus dein Weg ist, dann mußt du wissen, daß Seine Weisheit und Liebe dir wie eh und je zur Verfügung stehen. Ich spreche von jener dynamischen und schöpferischen Weisheit, die in Seiner Wahrheit verkörpert ist, wie sie in der Frühzeit des Christentums weitergegeben wurde, nicht von den Neuinterpretationen, die inzwischen als Seine Lehre gelten. Und wo immer im Verlaufe eurer „Zeit" irgendein Jünger Christi sich dieser Wahrheit dynamisch anschließen konnte, war er auch in der Lage, diesen Impuls weiterzuleiten. Dies ist der Dienst, den ein großer Schüler seinem großen Meister erweist. Er nimmt die Lehre auf, versteht und verkörpert sie, und hält sie dank seiner eigenen Aufmerksamkeit und seiner Erfahrung lebendig. Ihr sagt, „er gibt sie weiter". Er erweist also, indem er die Verkörperung, die Erfüllung einer Lehre ist, dieser einen bedeutsamen Dienst. Erst mit dem Hinausbringen in die irdische Ebene wird ein dynamischeres Verständnis solcher Lehren ermöglicht. Und jeder dieser Großen, die mit diesen Strömungen dynamischer Weisheit gewirkt haben, ist auch heute noch für euch erreichbar.

Wenn du deinen Weg gewählt hast und dich auf ihn konzentrierst, wenn du demütig genug bist, um dich zu öffnen und darum zu *bitten,* daß Weisheit sich dir offenbaren möge, dann wird bestimmt etwas geschehen. Auf viele verschiedene Weisen. Vielleicht fühlst du dich plötzlich von Büchern, die dir schon vor Jahren geschenkt wurden, erneut angezogen. Oder du nimmst ein Buch, das du schon oft gelesen hast, spontan zur Hand und entdeckst gänzlich Neues darin. Du bekommst neue Dinge geschenkt, du vernimmst neue Ideen. All das scheint ganz „zufällig" auf der irdischen Ebene zu geschehen, aber du solltest es gebührend beachten. Wenn dein Streben nach Freiheit ernstgemeint ist, entdeckst du plötzlich, daß das Universum dir den Weg ebnet. Es kommen vielleicht Menschen auf dich zu, von denen du nie geahnt hast, daß es sie überhaupt gibt. Alles mögliche geschieht, doch du mußt wissen, daß es nicht bloß Launen des Schicksals sind. Du hast vielmehr innerlich einen intensiven Ruf ausgesandt: „Bitte helft mir. Ich brauche diese Hilfe!" Dein Verlangen bringt dich auf die richtige Schwingung, und dann bekommst du die Antworten.

Was hat all das nun mit Liebe zu tun? Alles, denn Liebe ist nichts, was du tust oder irgendwie zustandebringst. Du läßt einfach zu, daß die Liebe durch dich und um dich herum strömt. Dein eigentliches *Sein* ist Göttliche Liebe. Du bist dir dessen nur nicht bewußt, denn du hast deine Sichtweise auf eine so begrenzte Bedeutung von „Liebe" eingestellt, daß du in einer Illusion befangen bist. Du meinst, es sei

Liebe, wenn ein Körper einen anderen Körper gern hat oder einige wenige ausgewählte Körper in seiner Umgebung. Das ist Unsinn! Liebe ist wirklich nichts, was tu *tust*. Erst, wenn du dich im „Zustand der Liebe“ befindest, wird dir eine Tatsache ständig und vollkommen bewußt, nämlich daß *Liebe etwas ist, was du bist!*

Liebe ist deine innerste Essenz, dein eigentliches Sein, und du hast keine Kontrolle darüber, denn *sie ist*, was du bist. Sie *ist* einfach da, das heißt, sie ist dir von der Quelle gegeben. Und aus Ihr ist alles erschaffen. Wenn du also liebst, merkst du auch, daß dies etwas ist, worüber du überhaupt keine Kontrolle hast. Gleich, wer dir vor Augen kommt — Liebe *ist in diesem Augenblick* Wirklichkeit. Selbst ganz fremden Menschen gegenüber wirst du dieses Aufwallen von Mitgefühl und Verständnis spüren, das Liebe ist. Das mag dich überraschen, denn du bist ja daran gewöhnt, ganz genau auszuwählen, welche Menschen du liebst und welche nicht. Es gibt tagtäglich viele Momente, wo du dieses Aufwallen von Mitgefühl und Gernhaben spürst. Es sind nicht immer besondere Bewegungen gegenüber anderen, sondern „ganz normale“ Dinge können dieses Gefühl aufblitzen lassen. Es ist eingebettet in das Gewebe der Tagesereignisse, ob du dir dessen bewußt bist oder nicht. Wenn du jedoch deine Aufmerksamkeit diesen Gefühlen zuwendest, weg von deinen täglichen Meinungsverschiedenheiten und Streitigkeiten, dann werden sie wachsen und deine Welt mehr und mehr erfüllen.

Vergiß nicht, wenn wir von Liebe sprechen, daß *du* sie nicht machen kannst; *du* kannst sie nicht wollen, und *du* kannst sie nicht fordern. Du kannst nur einen Weg einschlagen, von dem du hoffst, daß er sie verkörpern wird. Und so, wie du immer tiefer verstehst, was du bist und was nicht, wirst du dir dieser neuen Wirklichkeit deines Lebens bewußt werden. Erst, wenn die Schleier der Illusion abzufallen beginnen, zieht jene dynamische Kraft ein, die ihr Liebe nennt. Diese Kraft ist eine der machtvollsten Strömungen der göttlichen Quelle, und wenn sie durch dich hinausfließt in die Welt, wird sie stärker und stärker und ist dann etwas, was du beobachten kannst. Du siehst dann tätige Liebe. Auf der Erde gibt es nur sehr wenig davon, weil die menschliche Liebe sich meistens auf den persönlichen Bereich beschränkt. Wenn du meinst, ein Liebender zu sein, dann bitte, schau dir dieses Bild, das du von dir hast, sehr sorgfältig an. Eine der größten Illusionen, die das Ego dir am liebsten vorgaukelt, ist jene, daß du bereits ein Liebender bist. Auch Liebe, die eigentlich sexuelle Anziehung, Freundschaft oder den Elterninstinkt meint, kann ein Trick des Egos sein, um dir vorzutäuschen, daß du jeden Tag liebevoller wirst. Wie kannst du also erkennen, ob du ein wahrhaft Liebender bist? Es ist direkt schmerzlich einfach! Du bist dann ein Liebender, wenn du für jeden Menschen, an den du denkst oder der dir vor Augen kommt, nichts anderes als Mitgefühl und Verständnis empfindest.

Die meisten Menschen halten sich für in der Welt erfolgreich, wenn sie viel Geld verdienen und ihre Mitmenschen pauschal „lieben" können. Das gehört einfach zur Illusion der irdischen Ebene. In diesem Stadium „lieben" viele von euch auf diese rein emotionale Weise und halten das für *die* Liebe schlechthin. Wenn du meinst, einen anderen Menschen wirklich spirituell zu lieben, dann überlege dir folgendes: Glaubst du, daß du diese schöne, harmonische Liebe noch immer empfinden würdest, wenn dieser Mensch ständig unfreundlich zu dir wäre? Die emotionale Art von Liebe ist nämlich meist davon abhängig, ob auch du etwas daraus beziehst. Solange du etwas davon hast, sogar, wenn es nichts Positives ist, wirst du „weiterlieben“. Wenn die Situation sich jedoch so drastisch verändert, daß sie nicht mehr dem entspricht, was du dir eigentlich wünschst, dann beschließt du, „die Liebe ist vorbei“. Jede Beziehung, meine Freunde, die ihr beginnen könnt, kann auch enden! Alles, was kommt und geht, wie eben diese Liebesgefühle aus dem Ego heraus, ist nicht das Wahre. Ob irgendein Gefühl oder Gedanke die Quelle repräsentiert oder bloß eine weitere Ego-Illusion ist, kannst du leicht überprüfen, indem du dich fragst, ob diese Empfindung *immer* in dir ist, ganz gleich, was sonst noch da ist. Wenn nicht, dann gehört sie nur zum Auf und Ab des Schöpfungs-Spieles der irdischen Ebene und hat nichts mit der wahren Göttlichen Wirklichkeit zu tun. Du brauchst ihr dann auch keinerlei Aufmerksamkeit mehr zu schenken. Dieses Kriterium kannst du auf alles anwenden, was geschieht. Wenn du dir irgendein Ereignis einen Moment lang vor Augen hältst, spürst du, ob die Gedanken- und Gefühlstöne, die es umgeben, *immer* da sind. Wenn ja, dann sind sie wirklich ein Teil des Ganzen und du sollst sie in deinem Denken mit gebührender Achtung behandeln.

Ich wiederhole: Du kannst dich nicht selbst dazu bringen, zu lieben; du kannst nicht lieben *wollen*, weil du bereits Liebe *bist*. Du kannst jedoch etwas tun, um mit diesem inneren Zustand in Berührung zu kommen: du kannst einfach beschließen, *lieben zu wollen*. Das liegt im Bereich der Fähigkeiten eines jeden Menschen. Du kannst dein Bild von dir selbst und deine Beziehungen zu anderen Menschen und zu deiner Welt total verwandeln, wenn du dich nur dazu bringst, das „alles“ zu wollen, was du bist! Wenn du das nicht zu glauben vermagst, dann betrachte einmal ganz nüchtern jenen Liebeszustand, in dem du dich gerade befindest. Immerwährende Liebe kommt nicht und geht nicht, denn *sie ist,* — und das ist zugleich das Kennzeichen ihrer Wirklichkeit. Finde deinen eigenen Weg! Bringe dich dazu, lieben zu wollen, denn das ist der passende Schlüssel, der dir diese Türe öffnet. Am Ende jedes „richtigen" Weges findest du einen Zustand sowohl von Liebe als auch von Weisheit. Beide sind Schwestern, die in allen Stadien wahren Suchens zu finden sind. Ganz gleich, wie asketisch der Weg anfangs aussehen mag, am Ende ist da die Liebe. Und ganz gleich, wie herzbetont ein Weg zu Anfang ist, am Ende muß die Weisheit kommen. Es sind die beiden Seiten einer einzigen Münze und sie lassen sich nicht trennen. Egal, welchen Weg du wählst, am Ende der Reise haben sich stets Liebe und Weisheit manifestiert. Du hast die Verantwortung, zu entscheiden, welchen Weg du einschlagen willst. Laß dich von keinem Guru oder Lehrer verführen, der nicht sowohl Liebe als auch Weisheit verkörpert.

Es gibt keine Formel, um Liebe zu erzeugen. Ich kann es nur wiederholen: *die Liebe fließt bereits durch dich.* Wenn du ihr keine Aufmerksamkeit schenkst, ist es egal, ob sie da ist oder nicht. Wenn dir Liebe nicht auch in deinem Leben helfen kann, könnte sie ebensogut fehlen. Es ist ein Zustand tiefer, anhaltender Liebe und Fürsorge gegenüber allen Menschen und Dingen, nach dem du strebst. Du mußt begreifen, daß du die Verantwortung hast, zu entdecken, daß du dich jetzt noch keineswegs in diesem liebenden Zustand befindest. Bitte, trachte wirklich mit deinem ganzen Herzen und mit all deinen Sinnen danach, ihn in deinem eigenen Sein zu entdecken. Er ist Teil der Quelle und deshalb auch Teil von dir. Jene Illusion, daß du ein eigener Körper mit einem eigenen Denken bist, — irgendwie getrennt von der Quelle dessen, was du bist, ist *nicht* die

Wahrheit. Nimm den Gedanken ernst, daß du Liebe bist. Du bist Liebe, und wenn du sie *bist,* sollte man meinen, daß du sie auch *kennen* kannst!

Seelengruppen

22. Juni 1983

Albuquerque, Neu Mexiko

Ich bin gefragt worden, ob es im Inkarnationsmuster des Menschen eine Tendenz gibt, in „Schwärmen" oder Gruppen auf die Erde zu kommen, etwa so, wie individuelle Zellen sich zu den verschiedenen Organen und Körperstrukturen zusammenschließen.

Auf der irdischen Ebene fühlt ihr euch ganz deutlich zu manchen Individuen hingezogen und zu anderen nicht. Manche von euch glauben auch, daß es hier unter anderem eure Aufgabe ist, irgendwie euren „Seelenpartner" zu finden — jenen einen anderen Menschen, mit dem zusammen ihr ein vollständiges Ganzes bildet. Das wären wohl ziemlich trübe Aussichten! Nicht nur, daß ihr euer Leben lang unter Billionen von Menschen genau diesen einen suchen müßt — nein, ihr seid zwangsläufig zum Unglück verurteilt, falls dieser Partner, nachdem ihr ihn oder sie gefunden habt, euch verlassen oder sterben sollte!

Ohne Frage ist es so, daß ihr mit einer „Gruppenseele", wie wir es nennen könnten, in diesen Inkarnationszyklus hereinkommt. Natürlich gibt es in Wirklichkeit eigentlich keine „Gruppenseele", aber wir wollen diskussionshalber so tun, als ob es so wäre. Es bedeutet nur, daß etwa 1000 oder 10 000 (mit den Zahlen könnt ihr spielen) Seelen in ein- und demselben Wirbel der Energie ankommen; und wenn diese Energie in die irdische Ebene eintritt, manifestiert sie sich als individuelle Wesen, die ihren Prozeß beginnen. Tatsache ist, daß manche von euch schneller lernen als andere — und daß manche von euch das Spiel der Illusionen so sehr genießen, daß sie es noch immer weiterspielen, auch wenn andere in ihrer Gruppe es gerne beenden wollen. Manche von euch saßen sogar schon zu Füßen Buddhas und sind jetzt immer noch hier! Und warum? Weil es Spaß gemacht hat, stimmt's? Andere haben sich so harte und steinige Wege gewählt, daß sie jetzt an dem Punkt sind, wo sie einfach nicht mehr wollen, und sie wollen *jetzt* sofort aus der Illusion heraus.

Im Laufe deiner Leben und Inkarnationsmuster bist du manchmal den anderen Seelen deiner „Seelengruppe" sehr nahe, und dann wiederum wählst du, allein zu gehen. Wenn du dir ein schwieriges Leben ausgesucht hast, um dich herauszufordern, dann findest du dich vielleicht nicht von Menschen umgeben, die dich lieben und unterstützen. Einige von euch sind sehr liebe Menschen, und sie fragen sich dann, warum sie in diesem Leben gar nicht viel Liebe bekommen. Wenn ihr euch für ein schwieriges, herausforderndes Leben entscheidet, wählt ihr damit auch, von jenen Energiefeldern isoliert zu sein, von denen ihr euch unterstützt fühlen könnt. Doch letztendlich ist die einzige Instanz, an die ihr euch um Unterstützung wenden könnt, immer der „innere Gott". In den vielen Leben, in denen ihr von Menschen umgeben wart, die euch liebten, habt ihr gelernt, daß euch das glücklich macht — so glücklich, daß ihr manchmal einschlaft! Gut und schön, jeder braucht mal eine Pause, jeder muß mal ein Leben auf den Bahamas oder in Hawaii einlegen. Aber auch die Steppen von Rußland wollen durchlebt werden!

Auf den unsichtbaren Ebenen sind für jeden von euch

erstaunlich viele unterstützende Kräfte ständig gegenwärtig. Teil der Aufgabe eines jeden Seelenwesens, das sich nicht in einer Körperform befindet, ist es nämlich, einen Teil seines Bewußtseins denen zu geben, die inkarniert sind, ihnen Liebe und Unterstützung und gelegentlich auch einen ordentlichen „Tritt in den Hintern" zu geben, wenn nötig! Etliche eurer besten Eingebungen, Vorahnungen oder Einsichten kommen von euren nicht inkarnierten Freunden. Und warum das so wichtig ist? Weil einer der traurigsten Aspekte des menschlichen Seins euer Glauben ist, daß ihr allein seid, daß Gott so weit weg ist, daß ihr ihn nicht erreichen könnt. Von euren Freunden sagt ihr das merkwürdigerweise nicht. Die „Seelengruppe" ist also so zu verstehen, daß sie euch eine andere Realität bietet, an die ihr euch in Extremfällen wenden könnt. Die Hilfe, nach der ihr sucht, ist nicht weit! Legt sie nicht in die Hände irgendeines entfernten Gottes, sonst werdet ihr viele Jahre in stummer Verzweiflung nach diesem Gott suchen. Ihr macht so seltsame Unterschiede zwischen Gott und Freund; ein Freund, das ist ein Freund, aber Gott ist ehrfurchtgebietend, ist schrecklich. Er ist auch weit weg, schwer zu erreichen und sehr eigenwillig. In Wirklichkeit seid ihr es, die eigenwillig seid, nicht Gott! Gott ist es total egal, was du tust, denkst oder sagst, weil Er ganz genau weiß, wer du *bist*, und Er weiß, daß du immer sein wirst, was du bist, ganz gleich, wie viele Rollen du in dem Erden-Drama zu spielen wählst. Er weiß, *wer* du bist — ob gerade im Rampenlicht oder in den Kulissen deiner Existenz.

Manche von euch wundern sich über ihre Freundschaften. Ihr fragt auch, warum euer Leben gerade von Menschen erfüllt ist, die so anders zu sein scheinen als ihr selbst, während solche, die euch ähnlicher sind, einfach nicht da sind. Ihr fragt euch, warum zwischen manchen Menschen hunderterlei Schwierigkeiten auftauchen und sich dennoch immer wieder alles zum Besten fügt, während zwischen anderen, ebenso gereiften Leuten einfach *nichts* funktioniert. Wisset: Mit Menschen, die zu eurer Seelengruppe gehören, fällt die Kommunikation leicht — doch ist's nicht unbedingt purer Spaß! Wo ihr ehrliche und direkte Beziehungen habt, sei es zu Freunden, Ehepartnern oder Kindern, seid ihr stets in Kontakt mit einem Teil eurer Seelengruppe. Sie sind jener Teil von euch, der euch so gut kennt, daß er mühelos mit euch kommunizieren kann. Seelenverwandtschaften können indes auch hart sein; dann zeigen sie euch, immer und immer wieder, eine Seite von euch, die *nicht* nett und nicht liebevoll ist. Die Seelengruppe weiß aber auch, daß es just diese Seiten sind, die ihr integrieren müßt, denn dann erst könnt ihr schnell in jene Freiheit eintauchen, die ihr alle sucht. Ihr habt so etwas wie einen Vertrag miteinander geschlossen: „Sollte ich einschlafen, weck' mich, bitte!" — „Gut, und wenn ich einschlafe, dann weckst du mich!" Und wenn du erwacht bist, weißt du, daß in dir als Mensch alles vorhanden ist.

Wir haben schon darüber gesprochen, daß euer Leben sowohl „positive" als auch „negative" Aspekte umfaßt, und daß es so immer sein wird. Dein Job ist es, nicht an einem dieser Pole stehenzubleiben. Die Grundsubstanz des Universums ist Energie, und Energie ist immer in Bewegeung. Wenn du also versuchst, an einem Pol stehenzubleiben, ist es exakt die mangelnde Bewegung, die dir den größten Schmerz bereitet. Wenn du gar den positiven Pol verläßt und wieder zum negativen zurückschwingst, werden die Dinge schwierig, und du fragst dich sogleich: „Was habe ich bloß falsch gemacht?" Würdest du das etwa auch einen Ball fragen, den du in die Luft wirfst? Oder würdest du dem Ball womöglich sagen, daß alles in Ordnung ist, solange er hochfliegt, daß aber irgend etwas verkehrt ist, sobald er wieder herunterkommt? Natürlich nicht, denn du weißt, daß der Ball aufsteigt und wieder herunterfällt. Allenfalls wenn er *nicht* wieder herunterkäme, würdest du dich fragen, was da passiert sei! Nur in deinem *eigenen* Leben gestattest du dir dieses natürliche Auf und Ab nicht, dieses Hin- und Herschwingen von einem Pol zum anderen. Das liegt zum Teil an unerledigten Geschichten aus deiner Kindheit. Die Eltern sagen: „Was ist denn mit dir los?“ Das Kind antwortet: „Ich weiß nicht, ich bin traurig, fühl' mich so einsam und hab' Angst.“ Und die Eltern sagen: „Mach irgendwas, dann geht's dir besser“, oder „Schau ein bißchen fern, dann geht's dir besser“ oder „Iß ein Stück Kuchen, dann geht's dir besser.“ Nie wird dir gesagt, daß es in Ordnung ist, traurig, einsam oder ängstlich zu sein, daß du das verstehen und damit eins werden *kannst* und daß du groß genug bist, um *alle* Gefühle in dir zu enthalten. Du bist wirklich groß genug, um beide Pole dieser Polarität auszuleben, denn *du bist beide Pole und noch etwas anderes.* Dein Elend kommt daher, daß du dich starr machst und deiner Seelenpein keinen Ausweg gestattest. Ihr alle tut das sehr oft! Es ist deshalb auch die Stelle, wo ihr einander am meisten helfen könntet und es nicht tut. Wenn jemand sich schlecht fühlt, wollt ihr meistens, daß sich das ändert, weil ihr euch dabei unbehaglich fühlt. Damit sagt ihr freilich dem Menschen, daß er nur annehmbar ist, solange er glücklich, positiv und mitfühlend ist. Je mehr ihr alle glaubt, euch isolieren zu müssen, wenn ihr in mieser Stimmung seid, desto schlechter geht es euch. Euer Kopf sagt euch, daß ihr nur lächelnd und fröhlich annehmbar seid — und so versucht ihr ständig, auch wenn ihr euch elend fühlt, zu lächeln und fröhlich auszusehen. Ihr lernt schon sehr frühzeitig, diese Fassade zu präsentieren.

Der Ausweg aus diesem „Dilemma" ist, mutig genug zu sein, eure negativen Seiten direkt in euch zu erleben. Eure Aufgabe ist es, zu *wissen*, was wirklich in euch vorgeht. Wenn jene unter euch, die sich für „spirituell" halten, wirklich glauben, daß ihr immer nur „positiv" sein könnt — dann würde ich ihnen empfehlen, sich doch die Welt, in der sie inkarniert sind, einmal genauer anzuschauen. Dies ist ein Planet der Polaritäten. Nicht alle Welten sind ebenso polarisiert. Doch die Polarität ist die Grundessenz des Planeten Erde. Du wirst dich nicht frei bewegen können, bevor du das nicht erkennst. Sie ist Teil von dir — und es ist wunderbar! Es ist wunderschön, sich von Glück zu Niedergeschlagenheit zu bewegen, *wenn du dich bewegst!* Wenn du dich *nicht bewegst,* wirst du ängstlich und nimmst diese Angst in deinen Körper hinein, der dadurch steif und starr und gehemmt wird. Was ist Arthritis? Angst vor Bewegung. Paß also auf, denn dein Körper wird dir helfen, dich nicht zu bewegen, wenn du ihm sagst, daß *das* jetzt erforderlich ist. Dein Körper ist das Abbild aller deiner Gefühle. Sei ehrlich mit dir. Schau ehrlich deine *beiden* Seiten an. Gestatte dir, zu sehen, daß du ein „polarisiertes Wesen" bist und sowohl einen positiven als auch einen negativen Pol hast. Du kannst mit *allem* fertigwerden, was in deiner Umgebung vor sich geht, und wenn du das nicht zu glauben vermagst, dann deshalb, weil du dich selbst noch nicht richtig angeschaut hast. Du versuchst, immer auf dem positiven Pol stehenzubleiben und „heilig" zu sein. Das magst du ja versuchen, aber das Pendel wird immer wieder zurückschwingen müssen.

Erleuchtete sind sehr selten „heilig". Im Gegenteil, sie sind oft so unerhört, daß jeder sie für verrückt erklärt. Und was läßt sie so verrückt erscheinen? Sie tun einfach alles, wozu sie sich von innen her bewegt fühlen, und überlassen es euch, wie ihr darauf reagieren wollt! Sie haben die Fähigkeit, ganz *einfach menschlich* zu sein. Du kannst erkennen, wie nahe du der Erleuchtung schon bist, wenn du dich fragst, wie viele Menschen in deinem Leben du einfach so sein läßt, wie immer sie gerade sein wollen, egal, wie das aussieht. Erleuchtung ist letztlich nichts anderes als die Erkenntnis, daß es nur Einssein gibt und daß all die vielen Konzepte von Gut oder Böse keine Bedeutung haben. Wenn du nur *eines* der dich umgebenden Energiefelder ablehnst, weil du dich für zu gut oder zu spirituell dafür hältst, dann hast du dich von diesem Teil des Einen abgeschnitten. Kannst du bereits akzeptieren und anerkennen, daß *alles* ein Teil von dir ist? Kannst du lange genug aus deiner „Heiligkeit" herauskommen, um Ärger, Wut, Eifersucht oder was sonst an „negativen" Emotionen in dir aufsteigt, wirklich zu *spüren?* Ein wahrhaft reifes Wesen erkennt den Sog aller Energiefelder und entscheidet sich, ob es einer bestimmten Energie folgen will oder nicht. Es sieht, daß es die *Wahl* hat. Solltest du behaupten, zu irgendwelchen negativen Reaktionen, wie Ärger oder Wut, gar nicht fähig zu sein, dann würde ich antworten, du hast nicht gelebt. Du verstehst nämlich gar nicht, wie sehr eine solche falsche Weltanschauung deine Energie behindert. Wenn du beschließt, daß du entweder „so" zu sein hast oder gar nicht und es dir nicht erlauben kannst, auch irgendwie „anders" zu sein, dann bleibt das Leben stehen. Du bewegst dich zwar vielleicht weiter in Zeit und Raum, aber die Energie stockt und du kannst ihre Bewegung nicht mehr spüren. Du spürst überhaupt nicht mehr viel. Du bist erst wieder erlöst, wenn du dem Pendel erlaubst, zurückzuschwingen, wenn du mit Anmut und Leichtigkeit zwischen den Polen hin- und herschwingst und verstehst, daß die *Schönheit des Lebens in der Bewegung liegt.* Schönheit und Kraft und Freude des Lebens liegen nicht in dem, *was* geschieht, sondern in der Bewegung, in der ständigen *Veränderung* von *allem,* was geschieht. Freude liegt in dem unglaublichen Tanz des Lebens!

Wenn du anderen ein Freund bist, dann möchte ich dich bitten, daß du anfängst (oder fortfährst), die Menschen um dich so sein zu lassen, wie sie wirklich sind. Und wenn du auch dein eigener Freund bist, dann laß *dich* bitte so sein, wie du bist. Alle können wissen, wer sie sind, aber du wirst niemals Seelenfrieden finden, bevor du dich nicht sein läßt, was du bist. Alles andere ist bloß „Schau“. Es ist nie zu spät, du selbst zu sein. Und das beginnt damit, daß du ehrlich zu dir selbst bist und dir deine unerledigten Geschichten anschaust. Wann immer du Angst spürst, ist da auch eine unerledigte Geschichte. Finde heraus, wovor du Angst hast, denn aus Angst handelst du falsch. Du fühlst Ängste, wenn du das Gefühl hast, daß dir etwas mangelt, was du brauchst, oder daß du etwas verlieren wirst, was du hast. Du brauchst jedoch keine Angst haben, *irgend etwas* zu verlieren, weil du in Wahrheit *alles hast!*

Wir wollen das jetzt im Hinblick auf die Seelengruppen besprechen. Zu Beginn der Lebenserfahrung der Gruppe besteht ein Teil ihrer Stärke darin, daß sie fähig ist, gedanklich miteinander zu kommunizieren. Selbst wenn Teile deiner Seelengruppe *nicht mehr* in körperlicher Form anwesend sind, so hast du sie doch dank dieser gemeinsamen Fähigkeit nicht verloren. Wenn ein Mitglied deiner Seelengruppe stirbt, wirst du, wenn er oder sie dir nahestand, nicht das Gefühl haben, daß er/ sie nicht mehr da ist, weil die Kommunikation zwischen euch offen und klar weiterbesteht. Es ist wohl ein Verlust, aber du *weißt*, daß die Wesenheit weiterhin gegenwärtig ist. Jedes Wesen in einer Gruppe hat einen anderen Teil der Erdenerfahrung übernommen — alle zusammen habt ihr also jeweils „alles" durchlebt. Wenn zum Beispiel Kranksein dir Angst macht, dann gibt es Wesen um dich, die dieselbe Erfahrung gemacht und die Angst besiegt haben. Alles, was du tun mußt, ist, still genug zu werden, um sie hören zu können. Du wirst auf eine Weise geführt werden, die du dir jetzt gar nicht vorstellen kannst. Du hast gedacht, *Gott* wäre diese innere Stimme, die dich führt. In dem Sinne, daß alles Gott ist, stimmt das auch, aber es gibt dennoch verschiedene Arten von Botschaften. Die Göttliche Essenz wird dir nicht sagen, wie du Schritt für Schritt deine Lebensprobleme bewältigen kannst, aber dieser Kern von Seelenessenz tut das sehr wohl. Möchtest du wissen, was dein nächster Schritt ist? Hättest du gerne ein paar Hinweise darauf, was demnächst auf deinem Weg auf dich wartet? Die Gruppenseele möchte, daß zwischen euch Mitgefühl und Gedankenaustausch herrscht, und warum? Weil *sie* nicht weitergehen kann, wenn nicht *ihr alle* weitergeht. In eurer Gruppe ist jeder seinen eigenen Weg gegangen und jetzt, nach vielen Leben, habt ihr alle das Bedürfnis, über diese Erdenerfahrungen hinauszuwachsen. Es ist nicht so, daß *alle* wahrnehmungsfähigen Wesen gerettet sein müssen, bevor *einer* gehen kann, aber zweifellos gehen alle, die zu einem ganz bestimmten Gruppen-Kraftwirbel gehören, gemeinsam weiter. Dein Erwachen liegt also deiner Seelengruppe in einem ganz persönlichen Sinne am Herzen. Ihr Interesse an deiner „Heimkehr" ist sogar größer als die des Göttlichen, denn sie *wollen* heim — das Göttliche ist ja schon da! Das ist das Allerbeste was ich euch überhaupt sagen kann, denn in der irdischen Sphäre und auch jenseits davon werdet ihr damit immer einen Strudel der Kraft zur Verfügung haben, der euch hilft.

Ich bin gefragt worden, wer ich in bezug auf Mary-Margaret bin. Möglicherweise bin ich der erleuchtete Teil ihrer Seelengruppe, und vielleicht sind einige von euch in derselben Gruppe, und möglicherweise bin ich sogar hier, um euch zu sagen, daß ihr euch beeilen solltet, damit wir alle weiterkommen!

Wenn du die Polarität und die Seelengruppen gedanklich akzeptierst, hast du die Chance, Gefühle wie Selbstmitleid und Einsamkeit oder die Angst, nicht zu wissen, wie du dein Leben führen sollst, loszulassen, denn du hast ja nun Zugang zu einer ganzen Gruppen von Experten. Die Energien um dich herum sagen dir ständig alles, was sie wissen; du brauchst daher nur zu lauschen. Horche auf die Botschaften, wenn du wach bist, und horche auf sie, wenn du schläfst. Die Energien der Seelengruppe kommen dir in deinen Träumen zur Hilfe. Sie machen dich aufmerksam auf das, was du am meisten brauchst. Das sind die „Kraft-Träume", die klar zu dir sprechen und auf eine Weise, die du verstehen kannst. Argwöhne nicht, daß diese „andere Welt" im „Jenseits" ist und du hier, und daß die beiden deshalb bis du stirbst niemals zusammenkommen können. Austausch und Kommunikation mit der Energie deiner Seelengruppe ist sogar oft leichter, als mit einem verkörperten Menschen, weil sie dir einfach näher ist. Sie umgibt dich ständig. Es gibt in deiner Gruppe einen „Erleuchteten", oder vielleicht auch mehrere, mit denen du dich austauschen kannst. Solltest du meinen, nur mit verkörperten Wesen in Austausch treten zu können, schneidest du dich selbst von einer starken Quelle innerer Führung ab. Doch nimm es an oder laß es bleiben. Wir warten! Aber deine innerste Sehnsucht, die eigenen Grenzen zu überschreiten und dich weiter und weiter auszudehnen, ist gewaltig, und das ist letztendlich auch der Grund, warum die Teile deiner Gruppe zu dir Kontakt finden.

Das Energiefeld oder der Energiewirbel deiner eigenen Gruppe kann einen sehr weiten Bereich überschauen und kann dir deshalb Informationen vermitteln, die jenseits deiner Gefühle, deines Egos und deines Gedankenapparates liegen. Du bist so viel mehr als du zu sein glaubst! Du denkst oft, du seiest nur ein kleiner Mensch, der sich mit einem oder einigen anderen vereinen kann. Und das ist wahrlich eine einsame Aussicht! Ich versuche, diese Begrenztheit zu durchbrechen und dich zu einer sehr viel weiteren Sicht zu ermutigen. Sobald du dich als Teil einer Ganzheit von Energie, einer Einheit begreifst und erlebst, bist du auch bereit, dich in diesem Wissen zu bewegen. Wenn du jedoch in der Überzeugung steckenbleibst, daß du nur ein kleiner Mensch bist, allein, mit nichts und niemand verbunden und nur geliebt, wenn andere das wollen, schaffst du dir ein Gefühl von Isolation und Abhängigkeit. Wenn du anfängst, an Hilfe von „da droben“ zu glauben, wirst du erleben, daß sie wirklich da ist. Aber bis dahin könnte zu dir durchdringen, was will — du wirst alles anzweifeln. Solange du Schmerz und Leid zu brauchen glaubst, wirst du sie haben. Wenn du einmal beschließt, daß Freude und Glück für dich das Höchste sind, wirst du anders wählen. Übe dich in Bewußtheit! Halte morgens, wenn du aufwachst und bevor das Drama des Tages in dein Bewußtsein dringt, inne, und bitte um das Wissen, das du suchst, dann wirst du es erhalten.

Innerhalb der Seelengruppe herrscht eine ganz intime Liebe. Intimität hat wenig mit Körpern zu tun, aber alles mit der Seele. Und deine „Seele" kann mit Hunderten von Energiequellen tief und intim vertraut sein. Es gibt überhaupt keinen Grund, dich hilflos oder allein zu fühlen. Ihr seid so sehr in dem Wahn befangen, daß es Intimität nur auf der physischen Ebene gibt, daß ihr euch selbst in eine Falle gesperrt habt. Körperliche Intimität ist wunderbar, aber ich möchte euch sagen, daß sie nicht alles ist, was ihr sucht. Sie kann im Körper gefunden werden, aber das Körperliche *erschafft* sie nicht. Bitte versteh', daß du in jedem Augenblick die Macht hast, hinauszureichen und dir den Trost, die Weisheit und den Humor, die du suchst, zu holen. Diese Energie gibt dir Raum, zu *sein,* zu *lieben* und dich zu *freuen!* Du hast *alles* verdient. Je eher du das weißt, desto eher wirst du beginnen, es zu manifestieren.

Frage: Wie können wir unseren negativen Pol akzeptieren?

Zuerst müssen wir wohl herausfinden, was ihr unter Negativität versteht. Nehmen wir den Fall, daß du gerade einen schrecklichen Krach mit jemandem hattest, den du sehr liebst. Er oder sie hat Dinge gesagt, die dich verletzen, und nun dringen die bösen Worte in dich ein und fangen an, aus deinem Schmerz heraus ein geistiges Bild zu zeichnen. Deine Gefühle malen dir ein Bild voller Wut und Ärger. Und du reagierst auf dieses Bild, das du für wirklich hältst. Du versäumst dabei aber, die Wirklichkeit des Bildes anzuzweifeln. Du spürst nur deinen Schmerz und würdest am liebsten schreien und weinen. STOP! Halte an und bleibe in diesen Emotionen, spüre sie und *laß sie zu.* Aus diesem

Zulassen entstehen verschiedene Bewegungen. Du dringst schließlich durch die emotionale Ebene des Bildes zu der wirklichen Energie durch, die dahinter steht, und fängst an, diese Emotionen loszulassen.

Du bleibst aber lieber auf der Ebene des Bildes stehen, weil du Angst hast, die Emotionen, die du spürst, loszulassen. Du hast Angst, daß sie nicht annehmbar sind. Also tust du nichts, und die Energie staut sich in dir. Es ist notwendig, von Augenblick zu Augenblick die unterschiedlichen Energien zu spüren, die dich durch das Bild hindurch zur eigentlichen Essenz des Dramas bringen. Wenn du das Bild hinter dir läßt, lernst du etwas. Es ist zwar Energie da, aber plötzlich fühlt sie sich gar nicht so schlecht an. Und sie fühlt sich deshalb nicht so schlecht an, weil *alle* Energie nichts anderes ist, als das Göttliche in Bewegung. Was *nicht* göttlich ist, ist nur dein Bild von Wut und Ärger — deine Negativität. Wenn du das Bild hinter dir läßt und direkt zu der Energie gehst, fühlt sie sich genau so an wie Freude und Schönheit und Harmonie. Sie fühlt sich deshalb genau so an, weil es *nur Eine Energie* gibt! Du bist wie ein Prisma, in das weißes Licht als einzige Farbe einfällt und als viele Farben wieder austritt. Die Energie kommt als „eine" herein, und da du das „Prisma" bist, durch das sie fällt, zerstreut sie sich in viele Strahlen — in Aktion, Gedanken, Emotionen. Bist du still wie das Prisma und spürst die Energie, *wenn sie hereinkommt,* geht es dir gut! Du kennst dann die Energie des Einen und nicht die Fragmente des Bildes.

Meine lieben Freunde, ich schreie euch schon so lange an, und dabei liebe ich euch so sehr! Ihr seid alle so sehr darauf versessen, *nicht zu fühlen.* Ihr seid darauf ausgerichtet, zu reagieren. Das bedeutet, daß ihr in eurem „Bild" gefangen seid, und das ist ein Horrorfilm! Wagt euch in eure Gefühle, denn mit dem Zulassen der Gefühle beginnt die Erlösung. Versteht ihr? Die Menschen laufen ihr Leben lang vor ihren Gefühlen davon in dem Irrglauben, daß sie den Schmerz nicht aushalten können. Aber ihr alle *habt* den Schmerz schon ausgehalten; was ihr noch nicht getan habt, ist, einmal alles fühlen, was ihr jenseits des Schmerzes seid. *Dieses* Gefühl ist in Bewegung. Wenn ihr die Wirklichkeit dieser Bewegung anhaltet und stattdessen in die Phantasie eurer Angst vor dem Zurückschwingen zum anderen Pol geht, habt ihr euch in eine Falle gebracht, in der keine Bewegung möglich ist. Das Gefühl ist jener Teil von euch, der *in Bewegung* ist, und es kann nicht einfach stagnieren. Was ihr braucht, ist lediglich die Bereitschaft, euch „mit euch selbst" hinzusetzen und das zu entdecken.

Viele von euch halten das Alleinsein mit sich selbst für die schlimmste aller erdenklichen Situationen. Denn wenn da niemand ist, mit dem sie interagieren können, müssen sie sich womöglich selbst erleben. Und so zieht ihr so viele Schauspieler wie nur irgend möglich auf eure Bühne, um nicht mit euch selbst allein zu sein. Was jedoch in der Stille des Alleinseins mit jedem geschehen könnte, ist der Kontakt und ein Verschmelzen mit den Energien, von denen ich spreche. Ich möchte dir gerne sagen, daß *du* der beste Freund bist, den du je haben wirst. In Gegenwart deines wahren Selbstes wirst du so friedlich, so entspannt und so natürlich werden, wie du nur irgend sein kannst. Das, wovor du davonläufst, ist genau das, was dir den Frieden geben wird, den du suchst. Es macht vielleicht Spaß, in einem Ashram zu leben oder zu Vorträgen zu gehen, wo viele Menschen sind, aber wenn du wieder nach Hause gehst, ist alles wie immer. Finden wirst du dich nur in der inneren Stille. Du rennst vor dem Falschen davon. Die Welt steht, wie immer, auf dem Kopf. Du siehst die Vielen, aber es gibt nur den Einen. Du rennst vor dir selbst davon, und dein eigenes Selbst ist dein einziger wirklicher Retter! Du suchst immer nach dem Retter, doch du hast ihn schon. *Du* bist es!

Das Geschenk der sexuellen Energie

25. September 1983

Albuquerque, Neu Mexiko

Um über Sexualität vernünftig diskutieren zu können, müssen wir in der Zeit zurückgehen. Es wird euch nicht verwundern, daß Sexualität kein modernes Phänomen ist, und daß die Probleme, die um sie entstanden sind, uralt, vielfältig und sehr exotisch sind. Um einen weiteren Blickwinkel zu bekommen, werden wir uns anschauen, was eure sexuellen Verpflichtungen sind. Ich bin nicht hier, um „Regeln" für sexuelles Verhalten aufzustellen. Dafür seid ihr selbst verantwortlich, genauso wie für jedes andere Gesetz, unter dem ihr lebt.

Wir gehen also zurück und kommen zu einer Zeit, die vor der Zeit liegt, die ihr kennt, als eure Rasse auf die Erde kam, Form annahm und beschloß, was sie tun wollte. Ihr wurdet damals mit „Kräften" ausgestattet. Diese Kräfte sind die Energien, die ihr mit den sieben Chakren in Verbindung bringt. Ihr seht die Energien jetzt in bestimmten organisierten Mustern fließen, aber die Kräfte, von denen ich spreche, strömen ständig durch euer Wesen und haben ganz bestimmte Aufgaben. Eine davon ist das Denken, eine andere das Fühlen. Sexuelle Energie ist ebenfalls eine dieser Kräfte. Diese Kraft und Energie ist euch gegeben, und jeder von euch kann individuell entscheiden, wie er sie benützen will. Anfänglich unterschied sich diese Kraft keineswegs von den anderen Energieströmen; es bestand kein besonderer

Unterschied zwischen dem Drang, auf die Jagd zu gehen, oder dem Drang, der euch zu einer sexuellen Beziehung trieb. Die energetischen Kräfte waren zu Anfang nicht sehr differenziert.

Als vor vielen, vielen Leben diese Energien durch euch alle strömten, traf jeder dann seine eigenen Entscheidungen: Entscheidungen, die mit dem, was er war und sein wollte, in Einklang zu sein schienen. Ihr müßt endlich verstehen, daß dieses Leben jetzt *nicht eure erste Erfahrung* auf diesem Planeten ist. Ihr habt bereits eine sehr lange Reise hinter euch. Du bist also mit bestimmten eingebauten Tendenzen aus anderen Leben hergekommen, die durch dein eigenes Wesen, dein eigenes Bewußtsein ausgedrückt werden. Aus diesen Neigungen oder Tendenzen ist in dir eine bestimmte Einstellung gegenüber der Sexualität entstanden, und sie ist zu einem Teil von dir geworden. Im Laufe deiner Reise durch Zeit und Raum wurde diese Energie zu einem Teil deines Ausdrucks und du machtest damit, was immer du gerade wolltest. Die sexuelle Energie sollte, wie alle anderen Energien, deiner *persönlichen* Verantwortung unterstehen. Sie sollte ein Teil deines Wesens sein, dessen du dir sehr bewußt sein konntest. Du solltest *selbst* herausfinden, welche Gefühle und Handlungen für dich richtig sind.

Du hast aus langer Beobachtung gelernt, daß deine Gedanken Harmonie oder Disharmonie in dein Leben bringen können, und daß du dafür verantwortlich bist, was du denkst. Genau so bist du auch verantwortlich, wie du deine sexuelle Energie benutzt. Doch die Zeit, da du dir dieser Verantwortung bewußt warst, scheint längst vorbei. Die Menschen haben auf allen Ebenen des Bewußtseins Verhaltensmaßregeln aufgebaut, und nun übernehmt ihr eure

Verantwortung nicht mehr selbst. Ihr haltet euch an die Gesetze, die euch sagen, was ihr zu tun habt und meint, auf diese Weise eurer Verantwortung zu entgehen. Funktioniert das? Haben die im „tiefsten Mittelalter" (zu dem auch eure Zeit noch zählt!) festgelegten Gesetze über die Sexualität dir Erfüllung gebracht? Ich möchte vorschlagen, daß du dir gegenüber deiner eigenen Sexualität bewußt wirst und deine eigene Wirklichkeit geltend machst; daß du tust, was *dich* kreativ, dynamisch, lebendig, liebevoll, positiv, aufregend und erregt macht. Das ist deine Verantwortung! Wenn du dir von irgendwelchen Regeln sagen läßt, was du tun darfst und was nicht, wirst du letztlich nur mit deinen Wünschen in Konflikt geraten. Du befürchtest gar, Gott kümmere sich in allen Einzelheiten darum, was du mit deiner Sexualität anfängst. Aber das tut Er nicht. Es bleibt *dir* überlassen. Er kümmert sich darum nicht mehr, als es dein Nachbar tun sollte. Alles, was Ihm allein am Herzen liegt, ist die Qualität deines Bewußtseins, deiner Kraft, deiner Liebe und deines Mitgefühls. Wenn du sämtliche Regeln befolgt hast und trotzdem ärgerlich und negativ wurdest oder andere verurteilst, dann rede dir bitte nicht ein, daß du in Harmonie mit dem Göttlichen seist.

Das Thema Sexualität wird oft angesprochen und ich finde immer dasselbe Dilemma präsentiert: Wie würde die Welt aussehen, wenn plötzlich jeder in Sachen Sexualität machen würde, was *er* (oder sie) will? Was würde geschehen, wenn man all diese Regeln wegließe? In der Antwort auf diese Frage scheiden sich unsere Geister. *Ich* habe absolutes Vertrauen, daß, wenn ihr eure äußeren Regeln fallen ließet, eure inneren Regeln sich als weit menschlicher, spontaner, liebevoller und freundlicher erweisen würden. *Ich* glaube an euch, wo ihr nicht an euch glaubt. Ihr scheint euch für eine Art eingesperrter Raubtiere zu halten, die, wenn der Käfig geöffnet würde, wenn es keine Regeln gäbe, alle möglichen schrecklichen Dinge tun würden. Es ist nicht so, meine Freunde. Ihr seid ein Teil der Schöpfung, die in sich ein Bewußtsein trägt, im Falle einer möglichen Wahl das für sie Zuträglichste zu tun. Wenn ihr euch jedoch auf Regeln bezieht, anstatt auf euch selber, dann wird die Sache unklar. Das Gesetz in eurem eigenen Wesen ist absolut vorhersehbar. Ich weiß das, weil ich das Gesetz kenne, auf dem ihr beruht. Erkennt ihr denn nicht, daß ihr euch nicht selbst erschaffen habt? Ihr seid eine „vorgegebene" Schöpfung! Das Wunder eurer *selbst* ist euch gegeben! Es *gibt* ein Gesetz in euch, das ihr nicht erschaffen habt und das absolut verläßlich ist. Es ist viel verläßlicher als alle Gesetze, die der Mensch je gemacht hat. Wenn du also beschließt, dich auf dein eigenes Wesen zu verlassen, wirst du dort alle Tugenden finden, die du gesucht hast — Mitgefühl, Verständnis, Harmonie, Mut, Weisheit, es ist alles, alles da! Deine eigene Natur, die innerste Essenz deines Wesens, ist Teil der Quelle. Was glaubst du, woher das „Rohmaterial" gekommen ist? Im Augenblick deiner Schöpfung wurden dir schier unglaubliche Gaben verliehen, und eine der wichtigsten ist das Geschenk der Sexualität!

Wenn du dich in die Welt hinausbegibst, wirst du verwirrt. Du hast bestimmte Gefühle und Emotionen, die du versuchst, mit anderen Menschen in Einklang zu bringen. Ihr habt verschiedene Meinungen, ihr seid unterschiedlich. Wenn du die Sexualität verstehen möchtest, darfst du sie nicht mit dem Kopf angehen. Von dieser Kraft lernst du erst, wenn sie in Bewegung ist. Die Energie selbst ist so rein, wie irgendeine Energie, die du dir vorstellen kannst. Perversion, Verzerrung entsteht allein in deinem Denken. Die

Kraft steigt auf, und der Kopf fällt Urteile über „gut“ oder „schlecht“. Frage dich, wozu du deine Sexualität benutzt. Manche von euch benutzen sie, um andere zu manipulieren; ihr werdet sehr „gut“ darin und benutzt sie, um andere zu beherrschen. Manche von euch benutzen ihre sexuelle Kraft auch, um andere zu strafen; ihr werdet sehr „schlecht“ dabei, und benutzt sie, um andere zu beherrschen. Manche von euch benutzen sie überhaupt nicht.

Wenn dir irgendeine Kraft in die Hand gegeben wird, fragst du, was du damit machen, mit wem du sie teilen und wie du dein Leben damit beeinflussen kannst. Deine Sexualität siehst du nicht, aber du spürst sie als Kraft in dir, deshalb mußt du dir selbst diese Fragen stellen. Wofür möchtest du deine Sexualität einsetzen? Das ist eine sehr individuelle Frage, die jeder einzelne von euch im tiefsten Kern seines Wesens selbst beantworten muß. Hab' keine Angst, dich mit dieser Frage zu befassen, du wirst nicht „das wilde Tier“ werden, vor dem du dich so fürchtest. Was du hingegen finden wirst, wenn du dieses Thema wirklich tiefgreifend durchforschst, ist der größte *Verbündete,* den der physische Körper hat. Ihr benützt oft „Verbündete“ aus der sogenannten Geisterwelt, aber ich spreche hier von einem Verbündeten, der direkt und immer zur Hand ist. Die Sexualität ist dein Verbündeter, weil er dir Gelegenheit gibt, dich als Teil deiner eigenen Natürlichkeit besser zu verstehen. Und man braucht eine ganze Menge Mut zur Selbstbeobachtung, bis man diesen Bereich wirklich ehrlich anschauen kann. Jeder Mensch, welchen Alters auch immer, der irgendwie verzerrte sexuelle Gefühle hat oder körperliche Wünsche, die ihn unglücklich oder verlegen machen, sollte diese als „unerledigte Geschichte“ begreifen. Wenn du in deinem Leben deine Sexualität nicht auslebst, dann nur deshalb, weil *du* beschlossen hast, dies nicht zu wollen. Wo sexuelles Verlangen ausgedrückt wird, findet es auch, wenn es mit deinen Überzeugungen übereinstimmt, einen Partner. Wenn du auf deiner sexuellen Kraft sitzenbleibst, weil du dich für zu häßlich, zu dick oder zu alt dafür hältst oder sonst etwas in dieser Richtung, dann ist das deine Überzeugung, die du in die Welt hinausprojizierst und du wirst entsprechende Erfahrungen machen. Einige von euch meinen, ihr Dilemma lösen zu können, indem sie das Thema Sexualität überhaupt meiden, müssen jedoch erkennen, daß es immer wieder auftaucht. Manche lassen sich sogar operieren, um sich nicht mit ihrer Sexualität befassen zu müssen, und merken dann, daß die Energie noch immer da ist, sich weiter in ihrem Körper bewegt. Ihr werdet diese Energie auch nicht los, denn sie ist ein Teil des physischen Körpers. Die Sexualität kann *immer* dein Verbündeter sein, denn sie ist eine der stärksten Antriebskräfte des physischen Trägers. Du kannst dich jetzt mit ihr auseinandersetzen oder erst im nächsten Leben, aber irgendwann wirst du dich diesem Thema stellen müssen. Du brauchst dir nur darüber klarzuwerden, wie du dieses große Geschenk benutzen willst, und dein Leben wird sich ändern. Du wirst merken, daß du viele neue Erfahrungen machst. Es werden Dinge in dein Leben hereinfließen, die vorher nicht da waren, und andere werden hinausfließen. Deine Verantwortung ist es, dir die Frage zu stellen und zu beantworten, wofür du diese erstaunliche Kraft benutzen willst.

Ich möchte mir die Vermessenheit erlauben, anzudeuten, was vielleicht die *Göttliche Hoffnung* für diese Kraft ist. Benutzen wir einen Vergleich. Du hast einen Sohn oder eine Tochter im Teenageralter, und du möchtest ihm oder ihr ein Auto schenken — vielleicht einen Porsche, so ein richtig wunderbares Auto. Und während du deinem Kind die Schlüssel gibst, denkst du „Oh, mein Gott!“, weil du dir bewußt bist, daß damit unglaubliche Kräfte für die unglaublichsten Dinge benutzt werden könnten — und dein Sohn oder deine Tochter ist noch so jung. Vielleicht war, als seinerzeit göttliche Geschenke der Macht verliehen wurden, ein ähnliches Bangen im Bewußtsein Gottes? Die Hoffnung war sicherlich, daß die Kraft auf verschiedene, auf bewußte Weisen benutzt würde. Zunächst einmal zum Vergnügen — ganz einfach wegen ihres Wunders und dem Vergnügen daran! Zum zweiten, um euch bewußt zu machen, daß Kraft *ist*, daß sie existiert und sich bewegt, erschafft und Form annimmt und dabei dynamisch und veränderlich ist. Kennst du irgendeine Kraft, außer der Kraft des Denkens, die diese Fähigkeit hat? Endlich aber schließt diese Gabe noch etwas anderes ein: Das körperliche Vergnügen macht *dankbar*, und ihr seid auch sehr dankbar für das herrliche Gefühl, lebendig zu sein, mehr zu sein, mehr als ein physischer Körper.

Aber ist es nach all dem Vergnügen und der Lebendigkeit und dem Wunder des Gefühls, das da von außen hereinkommt und euch erfüllt und bewegt, nicht auch möglich, zu sehen, daß diese selbe Kraft umkehrbar ist? Ich will es erklären. Jetzt spürt ihr die sexuelle Kraft als etwas, das zu euch kommt, oder in euch aufsteigt. Die Hoffnung war aber, daß ihr eines Tages erkennen sollt, daß sie sich auch in der anderen Richtung bewegen kann, daß ihr auf dieser Kraft zu der Quelle zurück„reiten“ könnt, von der sie herkommt. Die Energie fließt in beide Richtungen; wenn ihr also darauf zurück„reiten“ könnt, seid ihr mit der Quelle verbunden, aus der diese Energie kommt!

Man kann das auf mancherlei Wegen tun und es gibt

keine Norm dafür. Die Schwierigkeit ist, daß ihr alle meint, es gäbe ganz bestimmte Regeln. Ihr habt also die „richtigen" Bücher gelesen, habt Lehrer gehabt und seid den „richtigen" Weg gegangen. Diejenigen von euch, die sogar eine Ahnung von der „Brücke" bekommen haben, stecken jetzt in einem Dilemma. Das hängt wiederum mit euren Überzeugungen zusammen. Ihr meint jetzt, daß ihr nicht *qualifiziert* genug seid, auf dieser Brücke zurückzufahren, oder daß ihr dafür einen Tribut zahlen müßt. Deshalb achtet ihr nicht auf die Lehren, die euch eure sexuelle Energie in jedem Augenblick sexueller Erfahrung geben möchte. Ihr „steigt aus", ihr bleibt nicht im Erleben. Viele Dinge lenken euch ab. Schuldgefühle kommen herein; ihr habt womöglich das Gefühl, ihr solltet „das" nicht tun, und ihr hofft, daß Gott nicht hinschaut, oder daß euer Lehrer nicht zuguckt. Deshalb seid ihr nicht „da", ihr schaltet wieder einmal auf Halbautomatik und verpaßt so das Wunder und die Bewegung. Sexuelle Energie *ist* ein Verbündeter; doch kann kein noch so starker Verbündeter euch helfen, wenn ihr nicht „da" seid, wenn ihr nicht hinhört. Du mußt immer *dabei* bleiben und auf alles achten, was vor sich geht, auf deine Reaktionen, deine Gefühle, auf den Fluß der Energie, wie sie befreit, wo sie festsitzt und was du damit machen kannst. Wenn du nicht ganz da bist, verlierst du dich und verpaßt die Lehre.

Wenn ihr in eurem Sexualleben nicht glücklich seid, denken viele von euch, die Lösung läge darin, mehrere Partner zu haben. Wenn ihr dann noch etwas Energie übrig habt, erkennt ihr, daß ihr noch immer nicht glücklich seid — dafür habt ihr jetzt noch mehr Schwierigkeiten in eurem Leben, denn ihr müßt mehrere Egos zufriedenstellen! Oder ihr kommt vielleicht zu der Entdeckung, daß es an eurem

Partner liegt — wenn er oder sie sinnlicher wäre, wärt ihr bestimmt glücklich! Also sucht ihr einen anderen Partner, nur um zu bemerken, daß ihr euch keineswegs erfüllter fühlt. Sexuelle Energie wird euch nur „erfüllen", wenn sie auf allen Ebenen weise benutzt wird. Wenn nicht, werdet ihr immer unbefriedigt bleiben, denn es war nie so gedacht, daß die Energie auf irgendeiner Ebene von Erfüllung steckenbleiben sollte.

Wie könnt ihr euch also nun diesen tieferen Erfahrungen öffnen? Ebenso, wie manche von euch in der Meditation sehr bewußt die Energiemuster wahrnehmen, die durch euch fließen, und daraus lernen, daß diese Energien nicht zum begrenzten Selbst gehören, so wird auch eine bewußte Wahrnehmung der sexuellen Energie euch mit ihrem „Auslöse-Effekt" in Berührung bringen. Wenn ihr wollt, daß euer sexueller Ausdruck alle Ebenen von euch nährt, dann müßt ihr lauschen und darauf achten, was in euch und um euch herum vor sich geht. Ihr müßt sehr still und sehr intensiv werden. Ihr müßt *bewußt* und wach und ganz da sein, um die Bewegung dieser Energie zu spüren und kennenzulernen. Bei genauer Beobachtung werdet ihr merken, daß der Genitalbereich ganz nahe bei jener Stelle liegt, wo die Kundalinikraft ausgelöst wird. Wenn ihr voll mit eurer Bewußtheit anwesend seid, werdet ihr merken, daß ihr „die Kraft nach oben ziehen" könnt, daß sie vom untersten zum obersten Chakra aufsteigt und dabei alle anderen Chakren mitentzündet.

Wenn ihr das Wunder dieser Kraft nicht spürt, dann nur deshalb, weil etwas in eurem Denken euch angeregt hat, sie abzuschalten. Ihr müßt wirklich verstehen, daß diese Kraft nicht nur in eine Richtung fließt. Bei einem „Stab der Kraft" sind die beiden Enden untrennbar miteinander verbunden. Die Sexualität ist ein göttliches Geschenk an euch, und jedes Geschenk ist euch aus einem bestimmten Grund gegeben. Dieses soll „zur Heimreise" benutzt werden, zurück zur Quelle; wie der Teenager das Auto und das Geld an sich nehmen und damit machen kann, was er will, obgleich die Eltern hoffen, daß er schließlich damit doch nach Hause fahren wird. Mit Gott ist es nicht anders! Er läßt euch gehen und spielen und all die wundervollen Dinge ausprobieren, die ihr und die Teenager so gerne tun; aber Er hofft, daß ihr irgendwann bemerkt, wie einsam ihr seid, und daß ihr dann von selbst nach Hause kommen wollt. Tut mit der Energie also, was ihr wollt, wie ihr es wollt und in welchem Leben auch immer; aber lernt verstehen, daß sie euch gegeben wurde, damit ihr sie endlich für eure „Heimkehr" benutzen könnt!

Gibt es irgendwelche Fragen?

Frage: Ich habe gehört, daß die „Kundalini" als Kraft sehr gefährlich sein kann und daß man einen Lehrer braucht, um sie zu wecken. Stimmt das?

Wenn du verschiedene spirituelle Disziplinen, wie zum Beispiel lange Meditationen, Askese, Pranayama und dergleichen benutzt, um diese Kraft zu „bekommen" und auch darauf bestehst, sie wie auf Bestellung aufsteigen lassen zu können, dann brauchst du einen Führer. Wenn ich aus der Erfahrung meiner eigenen Inkarnationen spreche, dann kann ich dir sagen, daß ich keinen Führer hatte; niemand in meiner Umgebung hatte die leiseste Ahnung, worauf ich hinaus wollte. Alles, was ich hatte, war die Bewegung der Energie selbst. Und ich versichere dir, daß sie absolut verläßlich war. Sie bewegte sich auf ihre eigene Weise, in ihrem eigenen Tempo und brachte mich weder zu schnell noch zu weit voran — alles war *in Ordnung*. Wenn du der Energie die Führung übergibst, sie strömen läßt, wie sie will, dann schafft sie sich ihren eigenen Weg. Sie ist wie ein kleiner Fluß, der frei den Berg hinunterläuft. Wenn du dort jedoch einen Damm durchbrichst und die ganze Energie auf einmal freiläßt, könnte der Stoß gefährlich sein. Laß alles genau in jenem guten und wunderbaren Moment geschehen, in dem es dran ist. Meine auch nicht, daß du für alles einen Lehrer brauchst. Du *selbst* bist der Lehrer! Diese Kraft ist in dir, und sie reguliert sich selbst. Sobald sie in Bewegung ist, wird sie sich den Weg freimachen. Glaube keinesfalls blindlings alles, was ich sage — aber auch niemand anderem; höre mehr auf dich selbst. Wenn du sie ausprobierst, wirst du merken, daß du sehr wohl etwas über deine eigene Energie weißt, und du wirst dich nicht länger von deiner Sexualität getrennt fühlen müssen.

Der Sinn sexueller Vereinigung ist es, dich auf allen Ebenen zu stärken. Wenn du einen Partner oder eine Partnerin hast, die auch daran interessiert sind, ihre Sexualität besser zu verstehen, würde ich vorschlagen, daß ihr davon ausgehend beginnt, die Quelle dieser Kraft zu erforschen. Manche von euch wollen sich vielleicht Bücher über Tantra kaufen, aber ihr *braucht* sie nicht unbedingt. Schreibt lieber euer eigenes Buch über *euer eigenes* Verständnis der Sexualität. Du kannst dabei dein eigenes Labor und zugleich das Forschungsobjekt sein. Nehmen wir an, du bist auf einer Party. Jemand kommt auf dich zu, und du spürst sexuelle Energie in dir aufsteigen. Der Disziplinierte wird sich sofort fragen: „Ist es nützlich, diese Energie jetzt auszuleben?" Wenn du dich noch auf der niedersten Stufe des Selbstausdrucks befindest, ist die Nützlichkeit offensichtlich: Vergnügen. Also tust du's oder tust es nicht, je nachdem, wie du dich entscheidest. Wenn du bereits auf einer höheren Ebene bist (ich halte eigentlich nichts von „Ebenen“, aber wir wollen uns den Spaß mal machen), dann sagst du vielleicht, „das muß ich mir zuerst überlegen; denn wenn ich das jetzt aktiviere, bringe ich vielleicht noch mehr Chaos in mein Leben, und ich weiß überhaupt nicht, ob es das wert ist.“ Wenn du entscheidest, *daß es das wert ist,* dann tu's, wenn nicht, dann laß es und sei bereit, die Verantwortung für dein Tun zu übernehmen. Auf der höchsten Ebene fragst du dich vielleicht, „Wäre eine sexuelle Beziehung, unter diesen Umständen, mit diesem Menschen ideal, um ein göttliches Verständnis zu erlangen oder nicht?“ Am Ende lernst du dabei etwas, was du vielleicht nicht wissen willst; man zieht immer, immer Gleichartiges an. Wenn du dich noch auf der untersten Stufe befindest, ist es zum Beispiel unwahrscheinlich, daß du dich von jemandem auf einer höheren Ebene angezogen fühlst. Sie werden dir zu unspontan erscheinen. Eine Stufe höher findet man jene zahlreichen „treuen Liebenden“, die allerdings nicht unbedingt der Suche nach höherem Bewußtsein treu sind, sondern nur einander. Auf der höchsten Ebene dann findest du nur noch jene, die alles in ihrem Universum dazu benutzen wollen, um nach Hause zu kommen.

Frage: Wie bewegt man diese Energie?

Finde die Kraft in einem bestimmten Teil deines Körpers und vertiefe dann deine Wahrnehmnng davon, indem du *deine Aufmerksamkeit darauf gerichtet hältst.* Du weißt, daß deine Gedanken schöpferisch sind, so kannst du bewußt beschließen, die Kraft in deinem Körper noch oben zu bringen, und sie beginnt, sich zu bewegen. Ihr habt nicht nur sieben Chakren, wie die meisten von euch glauben, sondern viele Chakren befinden sich überall verteilt auf dem Körper. Wenn du die Energie in Bewegung setzt, geben diese Zentren den Impuls zum „Aufleuchten" sozusagen aneinander weiter. Es ist eine Bewegung in den Synapsen, die sehr schnell vor sich geht und über die du wenig Kontrolle hast, sobald sie einmal begonnen hat. Deine Aufgabe ist es, die Energie bewußt wahrzunehmen und dich ganz auf sie und deinen Wunsch, sie nach oben zu bringen, zu konzentrieren. Dann laß sie fließen. Im Augenblick, wenn du deine Aufmerksamkeit auf irgendeinen Teil deines physischen Körpers richtest, bewegt sich dort die Energie; deshalb beginne mit dem untersten Chakra und konzentriere dich der Reihe nach auf alle anderen. So bewegst du die Energie nach oben und durch das Kronenchakra hinaus. Versuche es einmal. Und denke daran, daß dies *eines der größten Geschenke* ist, die dir je gemacht wurden! Du hast keine Regeln mitbekommen, wie du das Geschenk benutzen sollst; die hast du dir alle selber gemacht. Genauso, wie du für die Qualität deiner Sprache, deiner Handlungen und aller Dinge in deinem Leben verantwortlich bist, so bist du auch für die Qualität deiner sexuellen Aktivitäten verantwortlich. Es liegt allein an dir. Es gibt kein „falsch" oder „richtig", man darf einfach wählen!

Frage: Machen wir uns Regeln um die Sexualität, weil wir Angst haben, „nach Hause" zu gehen?

Sexuelle Regeln wurden von Menschen aufgestellt, die sich in ihrem sexuellen Ausdruck unfrei fühlten. Ich spreche hier nicht über die Gegenwart, sondern über die Priester der alten Zeiten. Sie stellten sich abseits und entschieden, daß Sex eine Aktivität sei, der sie sich nicht hingeben sollten. Seit dem ersten Moment, als diese Regel aufgestellt wurde, wurde sie auch anderen aufgezwungen. Als das passierte, war sehr klar zu sehen, daß es schließlich zu vielen Restriktionen im Bereich der Sexualität führen würde. Man hielt stur an den Regeln fest, obwohl doch offensichtlich viele Leute während der sexuellen Vereinigung wahrhaft „erleuchtet" worden sind. Die Priester behaupteten einfach, wer nicht durch das Befolgen ihrer Regeln zur Erleuchtung gelangte, habe diese Erfahrung überhaupt nicht gemacht — genau so, wie heute in den weiten schulmedizinischen Kreisen geglaubt wird, die ursprüngliche Diagnose müsse eben falsch gewesen sein, sooft eine Heilung jenseits medizinischer Behandlung erfolgt. Erst, wenn du alle religiösen Regeln penibel befolgst, wird vielleicht deiner „Erleuchtung" Glauben geschenkt. Bitte glaubt nicht, daß *Gott* die ermüdend komplizierten Regeln gemacht hat, die ihr befolgt. Gott *verlangt* überhaupt nichts von euch, und ich sage euch hier und jetzt, daß vieles von dem, was geschieht, einfach ein *Experiment* ist. Leben ist dynamische Aktion in der Schöpfung. Wozu sollte es gut sein, wenn Gott alles vorausplante und ihr dann nur, wie nach einem Drehbuch, eure Rollen spieltet? Das Leben ist eine erstaunliche Schöpfung voller Wunder, die ständig geschieht — und ihr seid Teil davon. Alles, was ihr sagt und denkt und tut, ist ein Teil davon. Es gibt keine „Fehler", nichts ist „falsch". Dies alles ist Leben.

Und ich habe euch nun lange genug Mut zugesprochen. Danke euch allen, daß ihr gekommen seid.

Selbstliebe

26. Februar 1984

Albuquerque, Neu Mexiko

Bevor wir heute morgen anfingen, wurde ich gefragt: Wenn das Leben ein Lernprozeß ist, warum muß es dann so schmerzhaft sein? Ich möchte sehen, ob wir sowohl die Frage wie auch die Antwort zu einem sinnvollen Muster verweben können.

Diese Frage hat eine gewisse Schärfe. Wenn es stimmt, daß ihr hierher auf die Erde kommt, um zu lernen, warum scheint dann oft alles so schwierig zu sein? Wenn es als ein Leben voll Spontaneität und Bewegung, voller Wunder und Schönheit gedacht ist, warum sieht es dann so oft völlig anders aus?

Wir haben hier schon etliche große Theorien gesponnen, haben über kosmische Tatsachen, Hoffnungen und Wünsche gesprochen, aber am Ende, meine Freunde, müssen wir eine grundlegende Wahrheit erkennen: In eurem Leben kommen Augenblicke, wo ihr einseht, daß ihr nur eines wirklich habt, und das seid ihr selber. Alle die „Requisiten", die ihr jeweils in einem Leben benutzt, um euch in der Welt wohlzufühlen, fallen irgendwann weg. Wenn ihr Beziehungen mit anderen Menschen hattet, die eurem Leben mehr Sinn gaben, dann wacht ihr eines Morgens auf und seid allein. Wenn ihr Kinder habt, werden sie erwachsen; wenn ihr eine wichtige Position einnehmt, werdet ihr pensioniert oder entlassen; wenn euch Schönheit geschenkt wurde, werdet ihr dennoch alt; wenn ihr stark seid, werdet ihr schwach und krank.

Viele kommen zu mir und sagen: „Mehr als alles andere wünsche ich mir, Gott zu kennen.“ Doch was sie eigentlich wissen möchten, ist, wie sie alle ihre Macken loswerden können, von denen sie „wissen“, daß Gott sie an ihnen nicht mag; wie man die „negativen“ Gefühle, wie etwa Wut oder Eifersucht, loswerden kann. Aber wie könnt ihr etwas loswerden, was Teil von euch selber ist? Ihr versucht es auf mancherlei kreative Weise. Zuerst beschließt ihr gewöhnlich, euch aus allen Situationen und von allen Menschen zurückzuziehen, die euch wütend machen, und auch keine Beziehungen mehr einzugehen, in denen ihr eifersüchtig werden könntet. Mit diesen Emotionen kommt ihr euch „minder“ vor, als ihr sein wollt, und so schränkt ihr euer Leben etwas ein, um sie loszuwerden. In extremen Fällen führen solche Einschränkungen bis zur „Entsagung“, und ob ihr euch nun in eine Höhle oder in euer Haus zurückzieht — der Wunsch dahinter ist immer, alle Reize auszuschließen, die unerwünschte Reaktionen hervorrufen könnten. Doch dann kommt ein Tag, da lauft ihr aus dem Haus oder vom Berg herunter und geht bloß in den Laden an der Ecke. Da drängelt jemand sich vor und schon explodiert euer sanftes friedliches Inneres in schierer Wut. Wenn ihr also schließlich erkennt, daß Entsagung nicht funktioniert, versucht ihr als nächstes, euch *willentlich* dazu zu bringen, nicht mehr wütend zu werden. Nun erstarrt euer Gesicht zur Maske mit einem frostigen Lächeln. Ihr müßt unentwegt lächeln, denn würdet ihr euer Gesicht entspannen, dann müßtet ihr vielleicht weinen oder schreien oder sonst etwas „Unpassendes“ tun. Ihr versucht mit all eurem Willen, die Gefühle zu unterdrücken, die sich in euch bewegen. Das funktioniert auch eine Weile, bis eines schönen Tages etwas Erschütterndes passiert und ihr erneut und spontan mit denselben Gefühlen reagiert, die ihr doch so gerne überwinden wolltet. Was habt ihr also erreicht?

Zusammen mit all *diesen* Manövern spielt ihr das wunderschöne Spiel der Manipulation. Ihr manipuliert die Menschen um euch herum, damit sie euch nicht stören, denn wenn *sie* sich ordentlich benehmen, müßt *ihr* nicht aus der Rolle fallen. Wenn es für deinen Freund oder deine Freundin ganz eindeutig ist, daß er/ sie dich nicht eifersüchtig machen *darf,* dann wirst du nicht eifersüchtig *werden.* Wenn du dir einen Chef aussuchst, der niemals wütend wird, dann brauchst du nicht mit Wut umzugehen. So manipulierst du deine Umgebung. Du klammerst alle Dinge aus, die dir unbequem sind, weil du diesen Teil von dir nicht anschauen willst. So gehst du von einer Beziehung zur nächsten, in der Hoffnung, erneut jemanden zu finden, der nur ein „passiver" Spiegel für dich ist, damit du diese „negativen" Aspekte deiner selbst nicht anschauen mußt. Letztlich aber funktioniert das alles nicht. Irgendwann sitzt du da und begreifst, daß du alleine nicht mit den kleinen „Teufeln" fertigwirst, die da in dir herumrennen. Sogleich kommt dir eine neue gute Idee — Gott soll es für dich tun! Du kannst es selbst nicht, deshalb wirst du es Gott überlassen. Nun mußt du Ihn aber erst mal *finden,* damit du Ihn bitten kannst, all das Unangenehme von dir zu nehmen. Habt ihr nicht alle dann und wann versucht, Ihn darum zu bitten? Hat sich dadurch irgend etwas verändert? Also kommt nun das wunderbare Spiel des „spirituellen Erwachens", und ihr macht euch auf den langen Weg zur „Erleuchtung". Ihr geht zu einem Lehrer, lest alle die „richtigen" Bücher, tut das „Richtige", singt die richtigen Mantras, strengt euch außerordentlich an und seid *so* gut. Und am Ende dieses Weges hofft ihr, Gott zu finden und von „eurer negativen Seite" befreit zu sein.

Ich möchte hier ein wenig von unserem Gespräch abschweifen. Viele von euch, die Mary-Margaret gut kennen, haben sich zweifellos gefragt: „Warum ist gerade *sie* für diese Aufgabe gewählt worden?" Dafür gibt es einen Grund, an den sie sich wahrscheinlich gar nicht erinnert. Als sie als junges Mädchen auf einer kleinen Pazifik-Insel lebte, war sie oft stundenlang allein, saß auf dem Mäuerchen vor einer alten Hawaiianischen Kirche, baumelte mit den Beinen und überlegte. Sie lebte da in einer Gemeinde, in der es die verschiedensten Religionen gab, und die mußte sie alle begreifen, um dazuzugehören. Auf Hawaii gibt es unter anderem Buddhisten, Mormonen, Katholiken, Zen-Buddhisten, Christen und die Ureinwohner mit ihren Kahuna-Lehren. Das junge Mädchen ging nun in alle diese Kirchen, weil ihr Vater eine Stellung hatte, die das verlangte, und sie mitnahm. Mit der Zeit sammelte sich in ihrem Bewußtsein eine Menge unterschiedliches Gedankenmaterial an, und sie fragte sich, wie diese unglaublichen religiösen Unterschiede, die ihr ganz klar waren, zu vereinbaren seien. So saß sie da, baumelte mit den Beinen und dachte weiter nach. Und auf einmal wußte sie (es war kein Gedanke), daß sie, um dieses Dilemma zu lösen, folgende Frage beantworten mußte: Wie kann ein Mensch, allein auf einer Insel, ohne Bücher, ohne Freunde, mit nichts als sich selber, Gott finden? Dies wurde zur Grundlage ihrer Suche. Und was ich heute sagen möchte, ist die Antwort auf jene Frage, die sie sich vor so langen Jahren stellte — denn letztendlich seid ihr alle der einzige Mensch auf einer Insel, und alle Bücher, die ihr gelesen habt, und alle Gebete, die ihr gesprochen habt, haben angesichts eurer Leere keinerlei Bedeutung.

Deshalb akzeptiert bitte zuerst die Tatsache, daß euer grundlegendes So-Sein sich wahrscheinlich nie sehr verändern wird. Ganz gleich, was ihr tut oder welche mentalen Verrenkungen ihr vollführt, ihr werdet mehr oder weniger so bleiben wie ihr seid. *Ihr seid, was ihr seid,* das Endergebnis von Billionen von Erfahrungen. Also müßt ihr als erstes akzeptieren lernen, daß ihr seid, *wer ihr seid.* Wenn du das tief in deinem Inneren anerkannt hast und nun zum Beispiel Eifersucht verspürst, dann kannst du dich umschauen und sehen, daß du wieder einmal in der Falle sitzt. Du sitzt in der Falle, weil du der Eifersucht nirgends entkommen kannst. Du wirst ihr nicht entkommen, weil du ihr *nicht zu entkommen brauchst.* Du bist früher davon ausgegangen, daß etwas „verkehrt“ mit dir sei, das du erst in Ordnung bringen mußt. Ich möchte euch erneut daran erinnern, daß *nichts* verkehrt an euch ist und daß ganz gewiß nichts „in Ordnung“ gebracht zu werden braucht. Deine innere Spannung rührt lediglich davon her, daß du bestimmte Teile von dir *nicht liebst.* Und du liebst sie nur deshalb nicht, weil dir das von gewissen Leuten befohlen wurde, die ähnliche ungeliebte Teile in sich selbst ignorieren. Frei wirst du, wenn du nach innen gehst und mit der ganzen Kraft deines Seins erklärst: „Ich liebe mich mit all der Eifersucht. Ich liebe mich inmitten meines Wutanfalls. Ich liebe mich, wenn ich mir leid tue.“ Was immer es auch sein mag, die Freiheit liegt darin, inmitten des aufwallenden Gefühls, inmitten der Handlung oder des Gedankens zu versichern: „Ich liebe mich in diesem Augenblick, genau so, wie er ist.“

Ich sehe in einigen von euch bereits die Angst, daß ihr, wenn ihr auch diesen Teil von euch liebt, für den Rest eures

Lebens darin festsitzen werdet. Ich möchte euch an dieser Stelle gern sagen, was aus *kosmologischer Sicht* gesehen wirklich in euch und um euch herum geschieht, wie diese Gefühle entstehen und warum Akzeptieren euer einziger Ausweg ist. Bitte versucht, mir zu folgen. Eure Realität ist so, daß ständig Gedanken um euch herumschwirren. Zwischen euch und diesen Gedanken entsteht etwas, das ihr „Aura“ nennt. Aufgrund eurer individuellen Tendenzen wählt ihr bestimmte Gedanken aus, die gerade vorbeiziehen und zieht sie an euch. Ihr neigt dazu, immer dieselben anzuziehen, so daß ihr euch immer und immer wieder in denselben Gedankengängen findet. Gedanken des Unwertseins, der Furcht, niederdrückende Gedanken, abwertende und negative Gedanken, immer und immer wieder. Jetzt kommt ein wichtiger Punkt: Wenn der Gedanke hereinkommt, übersetzt er sich in eurem physischen Körper in ein Gefühl. Dieses Gefühl wird in dem Gebiet, das ihr eure Seele nennt, notiert, und in diesem Augenblick wird schon der Grundstein für eine zukünftige Handlung gelegt. Versteht ihr, wie das vor sich geht? Der Gedanke ist da draußen. Er kommt durch eure Aura herein und trifft euch. Er wird als Gefühl notiert. Aus diesem Gefühl in euch formuliert *ihr* eine zukünftige Handlung. Nehmen wir an, es kommt der Gedanke herein: „Diese Person mag mich nicht.“ Das Gefühl dazu ist: Ärger und die zukünftige Handlung: Rache.

Ihr *alle* seid auf die Erde gekommen, um die vollständige Spannweite der Emotionen zu erleben und dabei Herr dieser Emotionen zu werden. Herrschaft kommt erst durch die Erkenntnis, daß ihr eure Reaktionen *wählen* könnt, und auch, welche Gedanken ihr hereinziehen und wie ihr in eurem Leben handeln wollt. Ich erinnere euch heute noch einmal daran, daß die meisten Gedanken, die ihr anzieht, auf der Grundannahme beruhen, daß irgend etwas „verkehrt" mit euch ist, daß ihr nicht liebenswert seid und etwas dazu tun müßt, damit ihr geliebt werdet. Und ich möchte euch herzlich bitten, diesen Prozeß rückgängig zu machen, indem ihr euch ernsthaft und auf Dauer verpflichtet, ein Mantra zu wiederholen, das euch offenbar noch nie in den Sinn gekommen ist: *Ich liebe mich!* Damit könnt ihr im Handumdrehen aus tiefster Verzweiflung ins Glück überwechseln. Versucht es! Denkt etwas Niederschmetterndes, und gleich seid ihr unglücklich. Und dabei sitzt ihr einfach bloß auf einem Stuhl! Ist irgend etwas geschehen? Hat euch irgend jemand geschlagen? Hat euch jemand geliebt? Nein! Ihr sitzt einfach da und merkt, daß ihr die Fähigkeit habt, euch je nach Wahl in Hochstimmung oder Niedergeschlagenheit zu versetzen. Und ihr habt jedesmal nur eure Gedanken verändert. Ihr wißt längst, wie das geht, und tut es auch immerzu. Wenn ihr also einfach dasitzen und binnen einem Augenblick eure gesamte Gemütsverfassung verändern könnt, dann wird es wohl auch stimmen, daß ihr einfach dasitzen und (aber nicht bloß automatisch) „Ich liebe mich" sagen und spüren könnt, wie sich etwas in eurem Inneren verändert. Ihr werdet eine aufsteigende Wärme spüren. Es ist wahr, daß in eurem Inneren eine „Flamme", ein „Feuer" brennt. Es gibt ein Chakra, das durch Liebe „aufleuchtet". Das ist wirklich so. Wenn du in diesem Gefühl der Liebe zu dir selbst verweilst, erzeugst du tatsächlich Wärme. Ich möchte dich bitten, dir während des nächsten Monats jeden Tag ein wenig Zeit zu nehmen, wo du einfach dasitzt und das spürst.

Nun wollen wir besprechen, was geschieht, wenn dabei sogenannte negative Gefühle aufsteigen. Nehmen wir an, du sitzt da, fühlst dich warm und stark und wunderbar, und plötzlich klingelt das Telefon. Du nimmst den Hörer ab, und irgend jemand sagt zu dir, „du bist ein echter Trottel!" Da schießt ein Gefühl ein, das im Augenblick zuvor noch nicht da war. Der Prozeß ist in Bewegung gesetzt, der Gedanke kommt vorbei, du ziehst ihn herein, und *du spürst ihn.* Vielleicht fühlt er sich an wie ein großer, kantiger, schwerer Stein. Du willst ihn wieder loswerden. Du beginnst also, im Geiste, was auch immer dir da gesagt wurde, abzustreiten, aber das hilft letztendlich nichts. Das hast du ja schon öfter probiert, und es hat noch nie geholfen.

Hier ist etwas, was hilft: Sage dir in dem Moment, wo du dieses schmerzhafte Gefühl wahrnimmst: *„Ich liebe dieses Gefühl.* Ich heiße es willkommen. Es braucht nicht wegzugehen oder sich zu verändern. Es ist ein Teil von mir. Ich nehme es an." Dann nimmt die Wärme, die immer da ist, sich dieses Felsbrockens an und beginnt, ihn zu glätten, ihn zu umfließen und bröckelig zu machen. Deine Liebe für diesen „Felsbrocken" bewirkt, daß „er" diese liebende Kraft aufnimmt. Er füllt sich mit deiner Liebe! Die Liebe strömt durch diese „unliebsame" Gefühlsmasse, umgibt sie, und sie wird „liebevoll". Und du merkst, daß du zwei Dinge zugleich in dir haben kannst: *deine Liebe und diesen schrecklichen Schmerz.* Deine Liebe ist so unendlich, daß es nichts gibt, was sie nicht in sich aufnehmen kann, und du mußt nur lernen, diese allumfassende Liebe zu benutzen. Kein Kummer ist so groß, daß du ihn nicht in dir spüren und die riesige Macht deiner Liebe gleichzeitig in dir haben kannst. Du brauchst dich gar nicht für das eine oder das andere zu entscheiden. Du kannst all den Kummer, all die Krankheit, all den Schmerz, all die Trauer und alle die Schuldgefühle haben, das macht nichts; die Liebe in deinem

Herzen ist so grenzenlos, das sie alles in sich aufnehmen kann. Diese Gefühle sind deine Kinder. *Sie sind deine Kinder!* Alles, was ihnen fehlt, ist deine Liebe. Du hast sie erschaffen, und dann behandelst du sie wie ungebetene, lästige Bettelkinder. Du hast sie aber wirklich selbst erschaffen! Wenn du auch diese Gefühle liebst und annimmst, erwärmst du sie, und bloße Begriffe wie „Verwandlung" oder „Transformation" werden Realität. Sobald du beschließt, so umfassend zu sein, daß du alles in dir haben und anschauen kannst, wirst du furchtlos — furchtlos, weil du erfahren hast, daß nichts in dieser Welt in dich hereinkommen kann, das du nicht umfangen könntest. Kein Kummer kann so groß ein, kein Ereignis so entsetzlich, daß du es nicht in dir halten, glätten, wärmen, dich ihm öffnen und es lieben könntest. Das gilt auch für diejenigen von euch, deren Anfang traumatisch war: Lauft nicht davon. Liebt ihn. Übrigens: Versucht bitte nicht, die *Menschen* zu lieben. Liebt die *Gefühle.*

Die organisierten Religionen (und selbst die nicht organisierten) reden euch ständig ein, es sei eure wichtigste Aufgabe, euren Nächsten zu lieben; doch danach kommt ein kleiner Zusatz: „wie dich selbst". Zu diesem Punkt möchte ich gerne etwas sagen. Jeder von euch hier im Raum möchte sehr gerne lieben. Wenn ihr indes vor dem Dilemma steht, daß ihr von jemandem verletzt worden seid und ihn dennoch so gerne lieben möchtet, das aber nicht könnt, weil es noch so weh tut, dann „versucht ihr zu lieben" und gebt euch große Mühe damit. Und das ist wirklich nett von euch. Das Problem ist nur, daß es so nicht funktioniert. Es geht deshalb nicht, weil ihr das Schwerste von euch verlangt, was es gibt, nämlich, etwas zu geben, was ihr selbst braucht. *Ihr* braucht Liebe. Und ihr verlangt jetzt von euch, sie jemandem zu geben, von dem eure Gefühle euch sagen, daß er oder sie euch nicht liebt. Ich möchte euch daher etwas anderes vorschlagen: Liebt euch dafür, daß ihr den Betreffenden nicht liebt. *Liebt euch dafür, daß ihr ihn oder sie noch nicht einmal mögt!* Versteht ihr, ich meine damit keinen mentalen Vorgang, ich spreche von einem *Gefühl,* und jeder von euch kann diese Wärme im Herzen spüren, von der ich spreche, wenn er es einfach ausprobiert. Wenn ihr anfangt, euch selbst dafür zu lieben, daß ihr *nicht* liebt oder jemanden sogar überhaupt nicht leiden könnt, *dann* beginnt diese wunderbare Alchemie, und die ganze Situation erfährt zunehmend mehr Wärme, und ihr braucht euch nicht länger schlecht zu fühlen, weil ihr noch nicht lieben könnt.

Wenn du endlich verstehst, daß *du* in dir genau das erzeugen kannst, wonach du draußen so verzweifelt gesucht hast, wirst du zum Meister deines Lebens. Du hast außerhalb von dir nach Liebe, Sicherheit und Frieden gesucht, und in dem Augenblick, wo du sie in deinem Inneren findest, bist du der Meister. Nicht in einem arroganten Sinne, sondern mit dankbarem Staunen. Erst dann kannst du jemanden wahrhaft lieben, vorher nicht, denn bis dahin bittest du immer um etwas, ganz gleich, wie subtil das auch geschehen mag. Und wenn du es nicht bekommst, bist du verletzt, bist du traurig, fühlst du dich verloren und ungeliebt und bist verzweifelt. Wenn du die Meisterschaft erlangst und weißt, daß du dich selbst liebst, dann ist diese Liebe keine *Handlung* mehr, sie ist *Liebe in Bewegung.* Und du spürst sie, ganz gleich, wen du vor dir hast, denn es ist nicht mehr eine personengebundene Liebe. Der Hund läuft vorbei, das Kind läuft vorüber, der Nachbar kommt vorbei, der Feind geht vorüber, und *es bleibt immer gleich.* Die Vorstellung, deinen Feind genauso zu lieben wie dein eigenes Kind, mag zuerst vielleicht erschreckend sein, aber wenn du Liebe in Bewegung wirst, *bist du frei!* Wenn du endlich das, worum du gebettelt und gefleht, gefeilscht und manipulierst hast, für dich selber tust, ist das Spiel vorbei. Es kann kein Spiel mehr geben, weil du jetzt Liebe in Aktion bist, und alles, was du tust, aus diesem Überfluß kommt. Das heißt nicht, daß du nicht mit anderen Menschen zusammensein willst, aber du *brauchst* es nicht. Das macht einen Unterschied. Aus dem Wunder heraus, das aus dem Zentrum deines eigenen Seins kommt, kannst du anderen sogar vollkommen verpflichtet sein. Aber nicht aus Notwendigkeit, sondern aus Freude! Aus deiner eigenen freien Entscheidung heraus, nicht aus Verzweiflung.

Wenn du so dasitzt und anfängst, dir zu sagen, „Ich liebe mich“, dann wird wohl eine lange Liste von Punkten auftauchen, die du an dir für „nicht liebenswert“ gehalten hast. „Ich würde mich ja lieben, wenn ich nicht drogenabhängig wäre, wenn ich nicht eifersüchtig wäre, wenn ich nicht so schlechte Launen hätte, wenn ich nicht so dick wäre, wenn ich nicht so häßlich wäre.“ Du hast sicherlich eine lange Auflistung, die dir vielleicht noch gar nicht bewußt war, und ich schlage deshalb vor, daß du sie korrekt mit Papier und Bleistift niederschreibst. Schreib' ehrlich alles auf, egal, wie lange das dauert — und kehre es dann um. „Ich bin drogenabhängig und liebe mich *dabei.*“ Ich spreche hier von der Bereitschaft, all jene „fiesen“ Teile von dir zu akzeptieren, die du dir bis jetzt nicht zu lieben erlaubt hast. Viele von euch glauben ja noch, sie seien „in Sünde empfangen“ und seit Anbeginn irgendwie „verkehrt“ und sie müßten bis zu ihrem Tode herausfinden, was denn ihr Fehler ist. Mit euch ist *nichts* verkehrt! Nur eure Gedanken. Sie sind das einzige, was *jemals* an euch nicht gestimmt hat.

Ihr werdet nie frei sein von euren „Kindern“, und wer wollte das denn auch? Ihr wollt sie sicher nicht länger in eurem Haushalt haben, wenn sie fünfundvierzig sind, sie sollen schon vorher frei, kreativ, dynamisch und lebendig sein und sich um ihre eigenen Angelegenheiten kümmern, aber ihr wollt nicht „frei“ von ihnen sein. Und eure Emotionen sind ebenso eure „Kinder“. Sie bilden die wunderbare Substanz dessen, was ihr seid und was ihr wart — sie sind Teil von euch!

Die Kirche möchte euch natürlich einreden, daß es „Sünden“ in der Welt gibt, die überwunden werden müssen; meine Erfahrung ist jedoch, daß ihr, wenn ihr eure „Kinder“ (Gefühle) liebt, auch *alle* die Teile von euch liebt, die gemeinhin als sündig bezeichnet werden und die dennoch Jahr für Jahr erneut zum Vorschein kommen. Es ist eben ein Prozeß, der bis zum Augenblick eures Todes immer weiterläuft. Und warum auch nicht? Jeden Tag wird etwas Neues geboren. Du bist ein schöpferisches, dynamisches, explodierendes Wunder und wirst dich tagtäglich verändern. Täglich werden neue Aspekte von dir zum Vorschein kommen, und jede neue Erfahrung wird dir ein neues Gesicht von dir selbst zeigen. Du wirst Dinge über dich herausfinden, die du nie für möglich gehalten hättest. Ängste, mutige Stärken, Humor, Lachen, Tränen, Wut — alles ist da, in einem schönen, sich ständig verändernden Muster, und *das ist gerade das Wunder!* Wenn du aufhörst, dieses Muster in die „perfekte Form“ einfrieren zu wollen, dann *kannst du dich an der Bewegung seiner Teile freuen.* Du versuchst so oft, in einer perfekten Form zu erstarren, die auf einer höchst unrealistischen Vorstellung davon beruht, wie Christus oder wie Buddha zu sein oder wie „Gott dich haben“ möchte. Ihr habt sogar versucht, Gott in eine feste Form erstarren zu lassen, aber ich sage euch, Er ist schlauer, und *Er* hat vor, immer in Bewegung, immer in Veränderung, immer in Entwicklung, immer sich ausdehnend, immer auf wundersame Weise anders zu sein. Warum auch nicht?! Meint ihr wirklich, Gott möchte bis in alle Ewigkeit, gelangweilt von sich selbst, herumsitzen? Was für ein Gott wäre das denn, der alles erschafft, damit es immer dasselbe bleibe? Die Kraft, die euch am Anfang ersonnen hat, war phantastisch! Nein — ihr habt euch nicht selbst erschaffen, aber ihr seid ganz gewiß Teil des Schöpfungsaktes und der Quelle.

Ihr habt so lange geglaubt, ihr könntet Gottes Liebe nicht in euch haben, weil ihr noch nicht vollkommen seid, und deshalb haltet ihr euch noch immer für liebesunfähig. *Das ist eine Lüge!* Manchen von euch haben die Eltern sogar gedroht: „Wenn ihr vor der Ehe sexuelle Beziehungen habt, liebt Gott euch nicht!" Und ihr habt es geglaubt — zwar nicht genug, um es nicht doch zu tun, aber genug, um euch deswegen schuldig zu fühlen. Es liegt in eurer Natur, daß ihr Erfahrungen machen wollt, aber die Eltern wollen euch vor ihren eigenen Erfahrungen bewahren! Deshalb befindet ihr euch von Anfang an in einem Konflikt. Das Drama ist da vom ersten Augenblick eures Lebens an, und die grundlegende Schwierigkeit liegt darin, daß ihr an die Lüge glaubt.

Ich habe euch gesagt, ihr habt euch nicht selbst erschaffen, aber ihr seid aus der Quelle aller Dinge gekommen. Und genauso, wie jedes Kind ein Teil seiner Eltern ist, so seid auch ihr ein Teil der Quelle, und dem könnt ihr nicht entgehen. *Diese Quelle ist in euch!* Wenn ihr sagt: „Ich liebe mich", dann spürt ihr eine Reaktion, weil es in eurem physischen Körper eine Essenz gibt, eine Kraft, eine Substanz, ein Licht, das entfacht werden möchte. Bei vielen von euch haben Meditationen dieses Licht *nicht* entflammt, weil ihr euch nicht geliebt habt. Jedesmal, wenn ihr sagt, „Ich liebe mich", und bereit seid, diese Liebe auch zu spüren, dann schaltet ihr die Kraft an, schürt ihr die Flamme und laßt das Licht herein. Ihr müßt nicht hinausgehen und die „Substanz" der Liebe suchen, denn sie ist in euch. Ihr entzündet die *Kraft* eurer Liebe, indem ihr eure gesammelte Aufmerksamkeit auf Liebe zu euch selbst richtet. In keinem von euch gibt es „mehr" oder „weniger" Liebe als in irgendeinem anderen. *Es gibt da keine Unterschiede.*

Nehmen wir einen ganz einfachen Vergleich: Suppe. Ihr alle habt so einen „Teller Suppe" in euch. Bei Christus oder bei Buddha ist es dampfende, starke, wogende Ambrosia. Sie hat ein wunderbares Aroma, und sie können sie spüren, denn sie ist heiß und wärmt sie und motiviert ihr Leben und gibt ihnen ein starkes Gefühl von Lebendigkeit. Euer Problem ist also nur, daß ihr eine noch *kalte* Suppe habt! Das ist kein so großes Problem. Habt ihr erst verstanden, daß ihr einfach bloß das Feuer anzumachen braucht, werdet ihr euer eigener Meister — ihr wißt ganz genau, wie euer eigenes Feuer sich anzünden läßt. *Ihr* kennt alles, was euer Leben lebendig machen wird! *Ihr* wißt, was für euch das Leben lebenswert macht, kennt die Dinge, für die ihr gern morgens aufsteht und euch an die Arbeit macht. Und ihr wißt ebenfalls, welche Dinge euch so wenig anfeuern, daß ihr morgens am liebsten im Bett bleiben und die Decke über die Ohren ziehen würdet. *Also tut um Gottes Willen, und das meine ich buchstäblich, all das, was ihr wirklich machen wollt* — tut Dinge, die euch anfeuern, die euch Kraft und ein Gefühl von innerer Wärme geben. Und hört auf, noch weiter Dinge zu tun, die euch absterben lassen! Die Kraft in eurem Inneren, die auf euren Befehl hin in Bewegung kommt, um die „Kinder“ in euch zu lieben und anzunehmen, ist die Liebe Gottes. Vergiß nicht, du bist Das! Du bist immer Das gewesen, du bist nie irgend etwas anderes gewesen als genau das, *ein Teil Gottes!* Und diese Göttlichkeit, diese immerwährende Göttlichkeit, ist auch jetzt da, und sie kommt auf deinen Befehl hin in Bewegung. Wenn du also willst, daß sie auch deine Angst in sich aufnimmt, dann tut sie es. Sie wird selbst deine Todesangst in ihrer Umarmung vollkommenen Akzeptierens halten, und nun wirst du keine Angst mehr haben. Glaubst du denn, Christus hätte nie geweint? Glaubst du denn, Buddha hatte niemals Schmerzen? Du wirst nicht weniger menschlich durch deine Gefühle; du wirst sogar dann erst *vollkommen menschlich,* denn in deiner Ganzheit weißt du jetzt, daß diese Emotionen zu dir gehören, auch wenn sie nicht alles von dir sind. In jenem wundersamen „anderen Teil“ von dir, als Mutter und Vater dieser Kinder, umfängst du sie, hältst sie und liebst sie, und in dieser Liebe bist du eins mit ihnen. Du wirst erst durch deine Liebe zu dir und zu allen deinen Teilen wahrhaft eins mit dir selbst. Es gibt keinen anderen Weg nach Hause, weil du bereits zu Hause bist und deine Ganzheit auf dich wartet. Du bist *alles,* deshalb hör' bitte auf, weniger sein zu wollen.

Das Selbst

Du wirst ignorant, wenn du versuchst,
die Dinge mit dem Kopf zu verstehen.

Angst

Spirituelle Wesen auf Erden

Meisterschaft

Die zwölf Ströme der Kraft

Höhere Energiefelder

Angst

8. September 1979
Albuquerque, Neu Mexiko

Frage: Würdest du etwas über die Angst sagen?

Ich würde diese dunkle und schwierige Seite des menschlichen Weges zur Freiheit, die ihr „Angst" nennt, eher als *Mangel an Verständnis* bezeichnen. Ich sage euch jetzt: *Es gibt im Universum nichts, wovor ihr Angst haben müßt.* Die Illusion, die der dunkle Spiegel des Ego euch präsentiert, verzerrt eure Lebensanschauung so arg, daß ihr glaubt, es gäbe tatsächlich immer etwas zu fürchten. Du betrachtest die angsteinflößenden Geschehnisse in deinem Leben und durchsuchst die Taschen deines Denkens und deiner Gefühle nach einer „Abhilfe". Bei genauer Beobachtung wirst du nach meiner Meinung nichts anderes als eine Reihe von Vorgängen bemerken. Zunächst empfindest du Angst. Dann spürst du den Wunsch, diesem Angstgefühl zu entkommen. Drittens suchst du in deinen Erfahrungen nach irgendetwas, um diese „Krankheit" zu heilen. Viertens findest du manchmal sogar etwas, das dir zeitweilige Erleichterung verschafft, und wendest es an. Hier möchte ich dich um genaueste Aufmerksamkeit bitten. Wenn du irgendwo eine Angst noch nicht wirklich überwunden hast, dann schau jetzt ganz genau hin, ob nicht etwa eine neue an ihre Stelle getreten ist. Die meisten Menschen auf der Erde bewegen sich im Leben von einer Angst zur nächsten. Jedesmal, wenn sie eine Schwierigkeit überwinden, geht es ihnen gut, sie fühlen sich in ihrem Leben sicherer und sie haben wieder Vertrauen. Das Leben ist dann normal, aufregend und sogar manchmal fröhlich. An irgendeinem Punkt jedoch wird ein neues Schreckgespenst, in anderer Form, in ihrem Leben auftauchen.

Der Grund dafür, daß ihr eure Ängste nicht wirklich ausrotten könnt, liegt in einem bedeutsamen Fehler, den ihr ständig wiederholt. Ihr glaubt, die Angst hätte weit mehr als nur eine Wurzel, und erst, wenn ihr das ganze Wurzelwerk ausgerissen habt, würdet ihr befreit sein. Aber wenn ihr realistisch seid, müßt ihr einsehen, daß eure Programmierung jeglichen Erfolg eigentlich unmöglich macht, und wenn ihr ganz ehrlich seid, wißt ihr auch, warum: daß ihr eines Tages nämlich der letzten Angst gegenüberstehen werdet, eurer tiefwurzelnden Angst vor dem Tode. Bis zum Augenblick eures Todes könnt ihr tun, was immer ihr wollt, aber ihr kommt unweigerlich an diesen Punkt. Diejenigen von euch, die sich schon tief mit dem Bewußtsein ihres bevorstehenden Todes auseinandergesetzt haben, wissen jetzt, daß auch diese Angst überwunden werden kann. Jedoch allen, die das noch aufgeschoben haben, kann ich versichern, daß der Tod zur rechten Zeit zu euch kommen wird. Deshalb möchte ich vorschlagen, daß wir, anstatt kleinere Maßnahmen zur Erleichterung kleinerer Ängste zu treffen, besser gleich eine umfassende Feststellung über die Todesangst treffen, sie uns in ihrem Rohzustand betrachten und dann ein für allemal: weg damit!

Wieviele von euch werden mir glauben, wenn ich euch erzähle, daß ihr ein total angstfreies Leben führen könnt? Gott, die allmächtige Quelle, hat niemals vorgesehen, daß euer Leben bis zum Tode von Furcht und Banden und Krankheit erfüllt ist! Das ist *nicht* der Göttliche Plan, sondern *eurer,* und ihr habt ihn wahrlich „meisterhaft" erfüllt. Aber ich möchte jetzt mit jenen reden, die dieses Auf und Ab satt haben und dem Leben ab sofort nicht mit Angst, sondern kühn und energisch, mutig, mitfühlend und verständnsivoll gegenübertreten wollen. Wie also könnt ihr erfahren, *was* ihr eigentlich fürchtet und *wie* könnt ihr diese Angst völlig ausmerzen?

Ich sage es euch noch einmal: so lange ihr euer Leben nicht bewußt lebt, werdet ihr nicht fähig sein, dieser letzten Angst in euch gegenüberzutreten. Wenn ich sage „bewußt", dann meine ich damit nicht streng oder traurig, sondern ich meine eine ernsthafte Einstellung. Aus dieser Sicht heraus wird euch unweigerlich auffallen, daß die Oberfläche eures Denkens von vielen, vielen Einflüssen bewegt wird. Es gibt sehr tiefe Strudel, die bis ins Dunkel hinunterreichen, das ihr so ungern erforschen wollt. Mit allem angebrachten Respekt vor euren Psychologen möchte ich hier sagen, daß es im dunklen Meer des Unbewußten *nichts* zu fürchten gibt. Nichts! Eine der mordernen Ängste ist die, daß das Unterbewußtsein von den schrecklichsten Wesen oder Monstern mit langen Fangarmen beherrscht wird. Das sind törichte Erfindungen eures eigenen Denkens. Was in jenen Tiefen wirklich zu finden ist, das ist *eure eigene Göttlichkeit,* nichts anderes. Unter der bewegten Oberfläche, in den Tiefen des Wassers, liegt die Quelle: die Quelle, der ihr entstammt, und da gibt es nichts zu fürchten. Ihr habt eure Ängste doch selbst erschaffen! Also, warum fürchtet ihr euch vor etwas, was ihr selbst erschaffen habt? Bitte, stellt euch der Tatsache, daß alle „Dämonen" in eurem Leben nichts als eure eigene Schöpfung sind — dann werdet ihr den Mut haben, sie anzuschauen. Was ihr erschafft, könnt ihr auch anschauen. Freilich, solange ihr die Macht dieser Schöpfung auf irgendeinen „auswärtigen" Gott überträgt, seid ihr viel zu ängstlich, um hinzuschauen. Falls ihr meint, daß eure „Teufel" aus einer anderen Quelle kommen und euch unbekannt sind, dann seht ihr euch natürlich nicht in der Lage, mit ihnen umzugehen und dann seid ihr auch nicht mehr mutig. Kein Gott hat eure Dämonen erschaffen, also macht euch endlich daran, sie anzuschauen. Wenn du den Entschluß triffst, daß du von jetzt an nie mehr in Angst leben möchtetst — Angst welcher Art aus welchem Grunde auch immer — dann versichere ich dir, daß du die Kraft haben wirst, allem gegenüberzutreten, was du so sehr zu fürchten scheinst. Es ist nicht mal besonders schwierig! So du es mit der Freiheit ernst meinst, dann rate ich dir, jetzt sofort in dir nachzusehen, wo deine Ängste sitzen. Sie werden dir nicht entgehen! Wirklich, wenn du aufmerksam bist, wirst du rasch entdecken, daß sie sich auf vielerlei Weisen bemerkbar machen. Du wirst ihnen in Büchern begegnen, in Träumen, im Gespräch mit anderen und in deinem eigenen Phantasiefluß, wie du ihn den Tag über spürst. Sie werden sich dir klar präsentieren, und du wirst nie besonders, oder sehr weit, nach ihnen suchen müssen.

Bitte, mach' dir ganz klar, daß das *Universum dir wohlgesonnen ist.* Es steht auf *deiner* Seite, und sobald du beschließt, dich der universellen Harmonie anzuschließen, anstatt in deiner persönlichen Disharmonie zu verharren, werden alle Kräfte des Universums dir zu Hilfe eilen, denn sie wünschen sich sehnlich, daß auch du teilnimmst an der All-Harmonie und nicht in deiner eigenen privaten Hölle isoliert und eingekapselt bleibst. Deine eigene private Hölle ist gleichfalls deine eigene Schöpfung. Und in der lebst du isoliert, rotierst ständig wieder in denselben Bereichen deines Bewußtseins, um dieselben Dunkelheiten, dieselben Ängste, dieselben Mißverständnisse vor dein geistiges Auge zu ziehen, immer und immer wieder. Das sind deine Teufel. Bilde dir also auf die „dynamischen" Schöpfungen deines eigenen Egos nicht gar so viel ein, denn Egogrenzen sind ziemlich eng. Sie werden nicht gespeist durch die dynamische, ewige Energie des Göttlichen und so haben sie nur eine begrenzte Lebensdauer und ebenso begrenzte Macht. Wenn du ernstlich damit beginnst, nach innen zu schauen, kommen Göttliche Kräfte in dein Leben, die alle diese selbstgewirkten Ängste aus deinem Kopf verbannen.

Wir wollen jetzt einmal ganz gezielt an die Sache herangehen. Nehmen wir an, du hast furchtbare Angst davor, verlassen, allein gelassen zu werden. Da gibt's verschiedene Wege, wie du damit fertigwerden kannst. Willst du zu einem Therapeuten gehen, dann suche dir bitte einen aus, der deinem Gefühl nach wirklich spirituelles Verständnis hat — also nicht unbedingt den höchsten Titel von der bekanntesten Universität. Je nach Tiefe des intuitiven Verständnisses des Therapeuten wird er dir Geheimnisse aufspüren helfen von Ängsten, die dich in diesem Augenblick behindern. Denn sehr oft liegt die Ursache in einer Situation aus einem vergangenen Leben, und ein sehr einfühlsamer Therapeut kann dir helfen, das zu verstehen. Wenn du jedoch vielleicht nicht soviel Geld verschwenden willst oder nicht in der Lage bist, einen entsprechend erleuchteten Therapeuten zu finden, dann hast du nur dich selbst. Ich finde sogar, das ist letztendlich das beste. Du hast dich selbst, dein Problem und deine Entschlossenheit, damit fertigzuwerden, und damit hast du die drei notwendigen Komponenten, um die Antwort zu enthüllen. Das ist *alles*, was du brauchst. Und du darfst nie vergessen: *mit dem*

Problem kommt auch die Lösung. Ihr habt diese Dinge irgendwie zu linear angeordnet: *jetzt* habe ich das Problem, morgen die Lösung. Das ist aber nicht die Realität. Jetzt ist das Problem da und *jetzt* ist auch die Lösung da; vorausgesetzt, daß du nicht selbst wählst, deine Qualen zu verlängern, weil du an den Gefühlen hängst, die zu „Problemen" gehören. Kein Zweifel: Die meisten von euch, meine Freunde, lieben ihre Probleme heiß und innig. Sie verschaffen euch echte emotionale Befriedigung, denn ihr fühlt euch damit so lebendig, dynamisch, kreativ und energiegeladen. Das ist natürlich eine Art, Spaß am Leben zu haben — darf ich dir indes lieber eine andere vorschlagen? Wenn du deine Probleme nur für einen kurzen Moment beiseitestellen, dich statt dessen an die Göttliche Energie anschließen und eins mit ihr werden würdest, dann wärst du so intensiv von schöpferischer Kraft erfüllt, daß du endlich erkennen könntest, wie blaß jegliche andere „Energie" daneben wirkt, und es nie wieder vergessen würdest. Du bist aber so auf deine Probleme und den Drang, die tausenderlei psychologischen Dilemmas dieses Lebens zu lösen, fixiert, daß du die wirkliche Frage nicht siehst und die wirkliche Antwort nicht hörst. *Wie kannst du frei sein?* Wie kannst du frei werden von all jenen Illusionen, die das Ego mit seinen Täuschungen der Psyche auferlegt? Wie kannst du *jetzt* und für alle Zeit von Angst frei sein? Angst ist eine so total menschliche Gegebenheit, daß es sie in anderen Bewußtseinsbereichen gar nicht gibt. Sie ist deine Schöpfung, dein selbsterschaffenes Bewußtsein, und du mußt ihr hier und jetzt entgegentreten, um sie zu überwinden. Du hast sie erschaffen, und du kannst sie in diesem Bewußtseinsbereich ablegen. Wie geht das also?

Wenn du Angst hast, spürst du sie als etwas Körperliches

— und das ist sie auch. Oft spürst du sie als Enge in der Brust, im Hals oder im Kopf. Versuche heute anstelle des gewohnten erfolglosen Rituals einmal etwas anderes: Laß zunächst die Bewegung der Angst mit der physischen Form spielen, wie immer sie möchte. Versuche nicht, sie wegzuscheuchen, zu verändern, hinunterzuschlucken oder davor wegzulaufen. Laß einfach alles zu, laß sie sich bewegen. *Zulassen* ist der erste Schritt. Beim genauen Hinspüren merkst du, daß sie in Wellen kommt. Angst ist keine gleichbleibende Kraft, weil sie nicht göttlichen Ursprungs ist. Und dafür kannst du bereits dankbar sein, denn damit weißt du, daß deine Schwierigkeiten beendet werden können. Also, laß die Angst zuerst mit dir machen, was sie will.

Als nächstes möchte ich vorschlagen, daß du in den Pausen zwischen den Wellen deiner Angst sehr sorgfältig in dem Bewußtsein zentriert bleibst, daß Angst da ist. Sag' bitte nicht: „Ich fürchte mich." Die Feststellung sollte lauten: „Da ist Angst." Es besteht nämlich ein großer Unterschied zwischen diesen beiden Aussagen! Und zentriere dich in diesem Ablauf so tief du kannst in der Herzgegend. Zentriere dich mit aller Entschlossenheit, die du aufbringen kannst, und sitze einfach da. Wenn du absolut entschlossen bist, dein Gefühl der Angst zu beobachten, werden interessante Dinge geschehen. Je mehr Zeit du darauf verwendest, in diesem Bereich zentriert zu bleiben, desto größer wird deine Kraft sein, wenn du in Schwierigkeiten bist. Deshalb benutze die „angstfreien" Tage, so gut du kannst, denn es wird erneut eine Zeit kommen, wo du diese Zentriertheit dringend brauchst. Du kannst den Frieden nicht herbeirufen, wenn du ihn nicht geübt hast. Du kannst die universelle Liebe nicht herbeirufen, wenn du nicht nach ihr verlangt hast. Sie kommen nicht nur auf deinen Befehl hin; sie kommen, wenn du diese Kraft täglich aufbaust. Und wenn du so ruhig in diesem Bewußtsein dasitzt und die Bewegungen in deinem Inneren spürst, wirst du sehen, daß das Herzzentrum der Ort ist, wo alle Angst verblaßt. Wenn es dir ganz ernst damit ist, allen deinen Ängsten entgegenzutreten, dann merkst du, daß mehr und mehr deiner Tage und Nächte von einer dynamischen Qualität erfüllt sind, die dich von deinen eigenen illusorischen Schöpfungen befreit. Ihr Menschen nennt diese Qualität Liebe. Es ist die Kraft im Zentrum deines Herzens, die dir erlaubt, deine Verbundenheit mit allen Dingen und mit allen Wesen zu spüren. Nichts ist noch außerhalb von dir, es ist alles in dir, und es gibt nichts, gar nichts zu fürchten. Wenn du noch zweifelst, dann bitte ich dich darum, daß du mir ein Jahr von deiner Zeit gibst, wo du das in so vielen Augenblicken deines Tages, deiner Abende und Nächte übst, wie du nur erübrigen kannst. Ich verspreche dir: die bedingungslose Liebe, die du suchst, wartet bereits still im innersten Zentrum deines Wesens, und wenn du dich erst einmal an sie angeschlossen hast, wirst du niemals mehr Angst haben. Es ist die Wahrheit, daß Liebe keine Furcht kennt! Sie fürchtet deshalb nichts, weil sie weiß, daß alles außer ihr Illusion ist. Wenn du mir das nicht glaubst, und warum solltest du auch, dann nimm meine Herausforderung an, und versuche es! Verbringe in deinem Tagesablauf so viele „Atempausen" wie du kannst damit, still in deiner Mitte zu ruhen, laß dich nicht von deinen Ängsten von dir selber wegziehen, dann *wirst du erleben, wovon wir hier sprechen.*

Frage: Wie kann ich mit meiner Angst vor körperlichem Schmerz umgehen?

Na, mein Freund, du meinst also, du bist ein Körper. Du bist aber mehr als ein Körper. Man kann ohne Angst *irgendeiner* Art leben. Und um diese Art von Bewußtsein zu erreichen, mußt du jetzt bis zum äußersten Punkt gehen, wo du ganz klar siehst, daß du *nicht nur ein Körper* bist. Wenn du dann einmal betrachtest, wovor du dich so fürchtest, dann wirst du sehen, daß fast alle deine Ängste an dem Gedanken kleben, daß du ein Körper bist. Wenn das so wäre, hättest du guten Grund zur Furcht; aber, sobald du sehen kannst, daß du nicht bloß dein Körper bist, öffnen sich dir bestimmt andere Möglichkeiten. Wenn du in dem Glauben befangen bleibst, nur ein Körper zu sein, wirst du leiden, sterben, verlassen werden, verhungern, schwitzen oder frieren, nicht bekommmen, was du willst oder bekommen, was du nicht willst und so weiter und so fort. Die endgültige Auflösung deiner Angst liegt in dem Körnchen Wissen, „du bist das nicht!“ Und nun sagst du, was ist aber, wenn der Körper von Krankheit zerrissen und der Schmerz unerträglich ist?

Wenn Schmerz da ist, hat der Körper bestimmte Reaktionen, die für ihn natürlich sind. Menschen, die sich in einem Zustand der Bewußtheit befinden, können mit grossem Gleichmut einfach beobachten, daß Schmerz da ist. Sie lassen sich nicht in den Schmerz hineinziehen, sondern nehmen zur Kenntnis, daß da Schmerz ist. Die Illusion liegt immer in dem Gedanken, daß du dieser Körper bist. Also muß ich wieder meine alte Platte auflegen: wenn du dir jeden Tag Zeit zum Meditieren nimmst, kannst du dich von der Körper-Illusion befreien. Durch tiefe Meditation wirst du dich über die körperliche Form erheben; du dehnst dich entweder über sie hinaus oder wirst ihr vollkommen enthoben, wie bei astralen Reisen, so daß du klar sehen kannst, daß du nicht nur dein Körper bist. Oder, was vielleicht noch einfacher ist: Du siehst mit deinen inneren Augen, wie sich der Körper in etwas ganz anderes auflöst. Es nützt natürlich nicht sehr viel, nur so dahin zu sagen: „Ich bin nicht der Körper, ich bin nicht der Körper!" Zwar ist es die Wahrheit, aber ein bloßes Lippenbekenntnis selbst zur tiefsten Wahrheit wird sie deinem Bewußtsein nicht näher bringen. Wenn du wahrhaft frei sein willst, mußt du in den Bereich in deinem Inneren gehen, der dir am besten dazu verhelfen kann. Und das ist dein innerstes Zentrum. Wenn du in deiner Meditation sitzt — in „Göttlicher Feierlichkeit", wie ich das gerne nenne, und dir ersehnst, daß dir etwas enthüllt wird, dann wird es dir enthüllt. Ich wiederhole: *Das Universum ist dir wohlgesonnen.* Wenn ein Kind zu seinen Eltern kommt und sagt: „Ich bin jetzt bereit, zu lernen", dann sagen eure Eltern auch nicht: „Nein, mein Kind, komm' in zehn Jahren wieder." Natürlich nicht. Die Eltern sagen: „Wunderbar; setz' dich hin, wir fangen an." Wenn ihr als Eltern so etwas könnt, kann es dann nicht auch die göttliche Macht? Unterschätze nie das Verlangen alles Göttlichen nach Vereinigung. Wenn du also wünschst, mit dem Göttlichen vereint zu sein, dann wisse, daß du in Harmonie mit dem Göttlichen bist und daß nun alle Seine Kräfte dir zur Hilfe eilen werden. Wenn du jedoch Unterschiede, Trennung und Isolation möchtest, dann mußt du dir schon selber helfen, denn das Göttliche kommt nicht, um zu trennen; es kommt nur, um zu vereinen. Wenn du beschließt, die Angst abzulegen, wird es sich für dich in Aktion setzen.

Wenn du von „Angst“ vor körperlichem Schmerz sprichst, meinst du ein vorgestelltes zukünftiges Ereignis, dessen Idee auf einer vergangenen Erfahrung beruht, und du fühlst dich zwischen zwei Punkten (Vergangenheit und Zukunft) gefangen, die es überhaupt nicht gibt. Du übersiehst tatsächlich den einzigen Punkt, der wirklich existiert, nämlich das *Jetzt.* Es gibt nur den einen Ort, wo du dich mit der Göttlichen Kraft verbinden kannst, und der ist hier und jetzt. Was du denkst, wirst du manifestieren. Was du denkst, *mußt* du manifestieren. Diejenigen von euch, die ihre Verzweiflung verherrlichen, die sich vom Leben schlecht behandelt fühlen, müssen wissen, daß sie sich ihr Elend selbst erschaffen. Wenn du wirklich wissen willst, warum deine Welt so ist, wie sie ist, dann beobachte eine Zeitlang exakt deine eigenen Gedanken, und du wirst es sehen. Das wird dir vieles klarmachen. Wenn du dich wunderst, warum dein Leben so chaotisch verläuft, warum du nicht klar siehst, warum du zwar Möglichkeiten siehst, aber nicht wählen kannst, dann gib acht, was du denkst, und du wirst sehen, daß du deine Gedankenenergie in zu viele Bereiche gibst und so zu viele mögliche Realitäten erschaffst. Energie folgt den Gedanken. Das ist ein Göttliches Gesetz.

Die Dinge, denen du die größte Aufmerksamkeit gibst, bekommen schließlich die größte Macht. Angst nimmt jedoch eine sehr subtile Form an. Sagen wir, du fürchtest dich vor einem Dämon namens Krebs, du bist erfüllt von der Angst, daß du eines Tages diese Krankheit bekommen und ihr erliegen könntest. Es gibt jedoch auch einen anderen Teil von dir, der die leuchtende Fülle des mitfühlenden Einen Gottes manifestieren möchte. Was immer von den beiden schließlich in deinem Leben erscheint, ist das, worauf du die meiste Energie verwandt hast. Wenn du es so willst, kannst du dir alle erdenklichen Schrecknisse erschaffen. Ihr alle könnt euch aber auch die höchste Freiheit erschaffen. Meine Aufgabe ist es, euch zu sagen, daß Freiheit möglich ist, und euch zu bitten, ernsthaft darauf hinzuarbeiten und in eurem Denken die Erinnerung an eure tiefe Sehnsucht nach Freiheit einzupflanzen. Ich kann euch nicht befreien, aber ich kann euch versichern, daß Freiheit möglich ist und daß ihr sie erreichen könnt. Falls ihr wollt! Und wenn ihr nicht wollt, dann solltet ihr euch auch nicht bei Gott beklagen. Es ist *eure Wahl!* Wenn ihr erkennt, daß das wahr ist, und endlich die Verantwortung für eure eigene Befreiung übernehmt, werdet ihr auch frei sein. Solange ihr noch auf den „Großen Papa Gott" wartet, der euch befreien soll, könnt ihr lange warten, denn das ist nicht Seine Aufgabe. Ihr habt eure Begrenzungen selbst erschaffen und müßt sie selbst auflösen. Es geht leicht! Das Problem ist nur, meine Freunde, daß ihr eure Grenzen liebt und behalten wollt. Sie geben eurem Leben erst Bedeutung. Wo kämt ihr hin, wenn ihr keine Probleme hättet? Wirklich, was würdet ihr mit eurem Leben anfangen, *wenn ihr keine Probleme hättet?* Bitte, nehmt das tief in euch auf und denkt darüber nach. Sofern ihr die Struktur eures Denkens sorgfältig betrachtet, werdet ihr sehen, daß euch just das Lösen eurer Probleme Bedeutung verleiht. Aber anstatt sie rasch zu lösen und dankbar zu sein, sagt ihr: „Ich muß noch ein Problem haben!" Ihr findet also ein neues Problem. Wenn es kein wirkliches gibt, schafft ihr euch eines. Wenn kein Problem an eure eigene Tür klopft, geht ihr hin und borgt euch eins von jemand anderem. Ihr versichert euch gegenseitig ständig, daß ihr voller Probleme steckt. Eure Kommunikation und eure Beziehungen beruhen sogar oft darauf, daß ihr gegenseitig eure Probleme löst. Ihr könnt diesen

Standpunkt für immer beibehalten, aber versteht bitte, daß er euch nicht befreien wird. Ich möchte euch dazu auffordern, den nächsten Monat einmal in dem Glauben zu leben, daß ihr keinerlei Probleme habt. Beboachtet die Widerstände, die das Ego da sofort aufbaut. Beobachtet, wie stark der Wunsch ist, entweder eure eigenen oder die Probleme anderer zu lösen. Und erkennt, daß ihr, solange ihr mit Hingabe Probleme löst, niemals über diesen Bewußtseinszustand hinauskommen werdet. Das ist der eigentliche Grund dafür, warum es so viele Suchende gibt und so wenig Findende!

Falls du deine Überzeugung, daß Probleme-lösen das Höchste sei, kurz beiseite legen kannst, wirst du von einer so wunderbaren Schwingungsfrequenz erfüllt, daß sie nicht nur jegliche Disharmonie in dir heilt, sondern sich auch auf andere ausweiten und deren Disharmonien heilen kann. Wenn du also wirklich „Gott dienen" willst, dann würde ich dich bitten, sofort aufzuhören, dich um nichtexistente Probleme zu sorgen, dein Leben so weitergehen zu lassen, wie immer es möchte, und deine Aufmerksamkeit dorthin zu richten, wo sie dich befreien wird, nämlich tief in deine Mitte. Ganz gleich, wie übel du es mir vielleicht nimmst, was ich hier sage, ganz gleich, wie tief du deinen ureigenen schwierigen Problemen ergeben sein magst, ich muß dir trotzdem sagen, daß es *keine* Probleme gibt! Und in dem Augenblick, wo du dich entschließt, eine Welt voller Licht und Liebe zu sehen, eine Welt ohne Probleme, wird sie beginnen, sich für dich zu manifestieren. Und wenn das geschieht, werden die Anderen es gar nicht mögen, wenn du ihnen erzählst, daß auch ihre Probleme nicht wichtig sind. Wie kannst du ihnen also dennoch helfen?

Einfach, indem du das bist, was du bist. Dein *Sein* wird mit den „Problemen“ aufräumen. Ihr seid Spiegel füreinander. Was möchtest du spiegeln? Wenn ihr einander ständig eure Probleme spiegelt, bestärkt ihr euch unentwegt in dem Gedanken, daß ihr begrenzt seid. Ihr schaut die anderen ja an, um euch selbst zu sehen! Im Gesicht des anderen seht ihr euch selbst. Wenn du in innere Harmonie kommst, beginnst du, ein anderes Gesicht auszustrahlen, und es wird wirklich ein anderes Gesicht sein! Wenn du dieses andere Gesicht zeigst, dann werden alle, die dich anschauen, von Hoffnung erfüllt werden — von der Hoffnung auf ihre eigene endgültige Freiheit. Wenn du dienen willst, dann kläre deinen eigenen Spiegel, damit andere darin nichts als ihr göttliches Selbst erblicken. Wenn du wirklich helfen willst, hör' auf zu reden, hör' auf zu denken und fang' an zu lieben! Denn erst in dieser Kraft des bedingungslosen Liebens wirst du wissen, daß es nichts zu fürchten gibt. *Kraft und Liebe sind eins.* Du weißt das. Du bist Liebe. Das erlebst du, und es ist die Wahrheit. Liebe ist, was du jetzt bist, immer gewesen bist und immer sein wirst. Jeder Spiegel, der dir irgendetwas anderes zeigt, spiegelt nicht die Wahrheit. Bitte, glaube mir! Der eigentliche Schmerz ist der, daß du nicht siehst, daß du geliebt wirst. Solange du außerhalb von dir nach Liebe suchst, wirst du sie wohl niemals finden. Und die einzige vollkommene Liebe ist die, die von innen kommt, denn nur sie schöpft aus der ewigen Liebe und ist eins mit ihr. Der ewigen Liebe, die sich nie verändern kann. Menschliche Liebe, meine Freunde, ist noch immer sehr launisch, und ein Teil von euch weiß das zutiefst innerlich. Wollt ihr nicht lieber etwas anderes suchen?

Frage: Gibt es Menschen, die jede Spur von Angst in sich getilgt haben?

Ja, wenn auch selten. Wenn man diese Illusion durchschaut hat, kehrt man nur selten auf die irdische Ebene zurück. Wenn das Spiel als solches erkannt, die Trennung geheilt ist, besteht auch keine Notwendigkeit mehr, hierher zurückzukehren. Freilich könnte man dann wählen, als Diener, als Bodhisattva, als Avatar oder Erleuchteter zurückzukehren. Heute, wenn wir uns auf der Erde umschauen, können wir noch viel Angst sehen; doch es stimmt auch, daß viele zu der Erkenntnis gelangen, daß ihre Ängste selbstgeschaffen und bedeutungslos sind, und danach die Erde verlassen. Es besteht durchaus Hoffnung! Es ist möglich. Und ich bitte jeden, es zu versuchen. Wenn ihr zu dem Zeitpunkt, den ihr Tod nennt, euren Körper verlaßt, erlangt ihr dabei oft Klarheit über die Illusion der Getrenntheit. Aber ich würde nicht darauf warten, Freunde, denn ich meine, wenn ihr es ernsthaft wollt, ist diese Klarheit auch jetzt möglich. Ich wäre nicht so grausam, euch das als euer Bruder zu versprechen und dann zu sagen: Aber *ihr* könnt es nicht! Ich würde euch doch keine Vorschau aufs Paradies geben und dann sagen, ihr könnt aber noch nicht hinein. Es ist immer möglich, *jetzt gleich!*

Frage: Ist Liebe und das Jetzt dasselbe?

Ja. Warum? Weil das Jetzt und die Liebe und das Göttliche eins sind. Es gibt keine Trennung zwischen dem Göttlichen und dem Jetzt und der Liebe. Das Jetzt existiert, die Liebe existiert und das Göttliche ist hier!

Frage: Wie können wir wirklich verstehen, daß es keine Probleme gibt?

Wenn jemand mit Begeisterung „Probleme löst“, kann man nicht viel machen. Wenn du jedoch in einem Problem steckst, das dir solchen Druck und solchen Schmerz bereitet, daß du sogar sterben würdest, um es zu lösen — dann kannst du davon wegkommen. Wenn es dir nur unbequem ist, dann wirst du es dir eben weiter unbequem sein lassen. Wenn du eine Technik möchtest? Die beste, die ich empfehlen kann, ist die: *achtzugeben, was wirklich in deinem Denken vor sich geht.* Und wenn du, nachdem du zwei Wochen lang wirklich ehrlich deine Gedanken beobachtet hast, weiterhin dieselben kleinlichen Gedanken mahlen willst, dann gibt es nichts mehr zu sagen. Wenn du jedoch ganz ehrlich, mit tiefinnerer Aufmerksamkeit deinen eigenen Gedankenmustern nachspürst, siehst du, wie oft du andere verletzt, wie oft du ihnen giftige Gedanken schickst, ihr Glück zerstörst oder ihnen Schlechtes wünschst. Wenn du jetzt ehrlich zu dir selber bist und nicht zu „heilig“ dafür, wirst du erfassen, wie das menschliche Gedankenrad läuft. Das menschliche Denken ist trennend. Es sieht die anderen als Angriff auf das eigene Ich und verteidigt sich deshalb, wie immer es kann. Solange du glaubst, angegriffen zu werden, wirst du dich bis in alle Zeiten verteidigen. Was sendest du damit in das Universum aus, das du dein Zuhause nennst? Wenn du nur zwei kurze Wochen nüchtern in dich hineinschaust und dabei nur liebevolle, friedvolle Gedanken findest, dann bleibt mir nichts zu sagen — denn dann bist du bewußt in den Händen deines Inneren Lehrers und auf dem Weg in die Freiheit.

Spirituelle Wesen auf Erden

10. Januar 1982

Taos, Neu Mexiko

Frage: Möchtest du uns etwas darüber sagen, was es heißt, ein „spiritueller Mensch“ zu sein?

Einen wirklich spirituellen Menschen erkennt man daran, daß er verstanden hat, daß es so viel Wunderbares, so viele Geheimnisse und so viel Leben gibt, daß der begrenzte Verstand es unmöglich erfassen kann, und deshalb einfach voller Dankbarkeit und Freude annimmt, was das Leben ihm schenkt.

Wenn ihr euch selbst als „spirituellen Menschen“ definiert, liegt die Schwierigkeit darin, daß ihr sofort auflistet, was ein spiritueller Mensch tut und was nicht. Und dann versucht ihr jahrelang, euch in dieses Bild hineinzupressen. Letztendlich ist das ja sehr gut, denn wenn ihr lange genug gerackert habt, kommt ihr endlich zu der Einsicht, daß ihr alles, was ihr als „spirituell“ definiert, nicht geschafft habt. Schön, gelegentlich seid ihr liebevoll und mitfühlend, aber es gibt noch lange Abschnitte, wo ihr wütend und voller Groll seid. Manchmal seid ihr voller Selbstmitleid und manchmal fühlt ihr euch kühn, stark und mächtig. Alles, was ihr im Verlaufe dieser verschiedenen Phasen eurer Entfaltung lernt, sollte in der Erkenntnis gipfeln, daß ihr überhaupt nicht definieren könnt, was ein spiritueller Mensch *wirklich* ist. Und in dem Augenblick, wo ihr begreift, daß ihr dies mit eurem Kopf nicht verstehen könnt, spürt ihr zweierlei: Mitgefühl und Hoffnungslosigkeit.

Mitgefühl, weil ihr erkennt, daß niemand wirklich all seine Probleme vollkommen verstehen und überwinden kann; was gibt euch also ein Recht, über irgend jemanden zu urteilen? Mitgefühl auch deshalb, weil ihr nun seht, daß ihr von anderen nicht erwarten könnt, immer wunderbar ausgeglichen zu sein, wenn ihr es selbst nicht schafft. Gleichzeitig fühlt ihr euch aber auch völlig hoffnungslos. Ich habe vor langer Zeit schon einmal gesagt, daß ich diesen Zustand der Hoffnungslosigkeit mag, und ich sage euch jetzt, warum. Wenn ich sage hoffnungslos, dann meine ich nicht verzweifelt oder so etwas. Ich meine hoffnungslos in dem Sinne, daß man einfach kapituliert und zugibt, daß man das Leben nicht „verstehen" kann. Ihr zerbrecht euch immer die Köpfe, um zu verstehen. Wenn euch jemand verletzt, überlegt ihr endlos; fragt euch, ob es wohl Karma sei, das ihr aus vergangenen Leben angehäuft habt. Wie sollt ihr das wissen, und warum ist es wichtig? Hilft es euch wirklich innerlich, wenn ihr wißt, daß ihr schon viele Leben voller Schwierigkeiten mit anderen Menschen hinter euch habt? Ich glaube nicht, daß es euren akuten Schmerz im geringsten lindert. Vielleicht ist euer Kopf ein wenig beruhigt, weil ihr die Vergangenheit dazu benutzen könnt, eure Handlungen in der Gegenwart zu entschuldigen. Aber *fühlt* ihr euch wirklich besser? Wenn der Kopf meint, er hätte etwas verstanden, rationalisiert er das Ganze, legt es ad acta, und niemand braucht sich mehr darum zu kümmern.

Wenn ihr ehrlich zu euch seid, meine Freunde, dann müßt ihr zugeben, daß ihr immer und immer wieder verletzt werdet. Und wenn ihr die eine grundlegende Tatsache wirklich tief in eurem Herzen verstanden hättet, dann bräuchtet ihr nie mehr darüber zu grübeln, weshalb Menschen andere „verletzen". Und diese Tatsache ist folgende: Jeder Mensch auf der ganzen Welt strebt im Grunde nach *Seelenfrieden.* Also könnt ihr die anderen und euch selbst in diesem Streben unterstützen, sobald ihr erkennt, daß ihr euch niemals absichtlich verletzt. Versteht ihr, daß im Grunde niemand je einen anderen wirklich verletzen *will?* Wenn man jemandem Schmerz zufügt, dann geschieht das nicht primär aus Haß, giftig und danach voller Gewissensbisse, sondern aus Unwissenheit und Angst. Ihr werdet verwirrt, wenn ihr versucht, diese Dinge mit dem Kopf zu verstehen. Ihr versucht so ernsthaft, eure Beziehungen zueinander zu enträtseln! Ihr versucht es mit euren Kindern und mit euren Eltern, sagt euch immer wieder, daß ihr sie verstehen müßt, denn dann werdet ihr sie nicht mehr verletzen. Bitte, glaubt mir: *Mit eurem Kopf könnt ihr nicht verstehen.* So einfach liegen die Dinge nicht. Ihr seid nicht so einfach, wie ihr euch oft einreden laßt. Ich muß es euch immer wieder sagen, wie unglaublich und grenzenlos ihr seid. Wollt ihr mir mal erklären, wie euer kleiner Kopf verstehen soll, warum diese grenzenlose Weite dies oder jenes in eurem Leben tut und warum andere tun, was sie tun? Ihr verleugnet ja genau diese Grenzenlosigkeit, wenn ihr stur darauf besteht, *daß* der Kopf alles verstehen muß.

Alsdann, ein spiritueller Mensch ist also jemand, der sich jahrelang den Kopf zerbrochen hat, um zu verstehen. Er oder sie hat alle erdenklichen Yogaarten ausprobiert, Zen, alles. Und am Ende erkennt er oder sie: „Ich bin, wer ich bin." Vermutlich ist dabei zumindest die Gesundheit besser geworden, vielleicht auch nicht. Manche Menschen sind strenge Vegetarier und werden krank davon, andere tun das gleiche und werden gesund. Der Grenzenlosigkeit kann man keine Regeln aufsetzen. Bitte versteht, was für ein lächerliches Unterfangen das ist. Ihr könntet euch ebensogut ans Meer stellen, die Hand heben und sagen: „Keine Wellen mehr! Ich verstehe jetzt, was diese Wellen ans Ufer schlagen läßt, und hier stehe ich nun und gebiete: keine Wellen mehr!“ Es ist unmöglich.

Wann immer ihr euch auf eine tiefe geistige Lehre einlaßt, geht ihr als Schüler von der Idee aus, daß der Guru, der Meister, der Roshi etwas weiß, was ihr nicht wißt. Und wenn ihr nur gut genug seid, lange genug meditiert, genügend strenge Disziplinen einhaltet und hingebungsvoll genug seid, wird der Meister euch den geheimen Schlüssel zu eurer Entfaltung geben. Nehmen wir einmal an, das stimmt. Der Meister weiß und du nicht; er hat den Schlüssel und du hast ihn nicht. Wer bestimmt dann über deine Erleuchtung, du oder der Meister? Und was, wenn der Meister dich nicht mag? Was, wenn ihm deine Hemden nicht gefallen oder wenn er mißbilligt, wie du deine Samstagabende verbringst? Er kann dir dann die Erleuchtung wohl für alle Zeiten vorenthalten? Oder, wenn er zufällig ein Typ ist, der andere hartherzig verurteilt, dann kann er dir eiskalt sagen, daß du jetzt einfach „noch nicht reif“ dafür bist. Er sagt dir vielleicht, du sollst eben im nächsten Leben wiederkommen oder vielleicht auch erst in drei Leben! Fühlst du dich dadurch stark und machtvoll und als Herr über dein Bewußtsein? Ich glaube das nicht! Vielleicht fühlst du aber auch irgendwie, daß nicht der Meister den Schlüssel hat, sondern du selber, aber du lieber Himmel, du weißt doch nicht, wo er ist. Wie oder wo sollst du ihn bloß finden? Dann spulst du mit dir selbst genau denselben Prozeß ab. Du bist enthaltsamer, fastest öfter, meditierst oder liest mehr, und damit hoffst du, wirst du *dir* vielleicht den Schlüssel endlich geben. Wieder bist du in einer unmöglichen Situation. Jetzt verlangst du von dir selber, dir etwas zu geben, was du dir gleichzeitig selbst vorenthältst. Gibt das noch irgendeinen Sinn? Für mich nicht.

Ich möchte behaupten, daß wir da von einem falschen Problem sprechen. Das Problem ist ja nicht, daß du nichts weißt, sondern daß du *meinst,* es gäbe etwas zu finden, du bräuchtest noch etwas anderes als bloß diesen jetzigen Augenblick.

Du denkst immerfort, es gäbe irgend etwas, was dir fehlt, was du unbedingt haben solltest. Wenn du diese Art von „linearem" Denken beibehältst, wirst du noch viele, viele Leben lang nach deinem „Schlüssel" suchen. Dein Ego wird dich an alle die losen Samstagabend-Parties erinnern, und du wirst noch drei Jahre länger auf deinen Schlüssel warten müssen, weil du ja so ein schrecklicher Sünder bist. Und das Ego wird weiterhin flüstern: „Mach dir nur keine Sorgen, die Erkenntnis ist jetzt wirklich zum Greifen nahe, warte nur, warte! Irgendein absolut wunderbarer Mensch wird demnächst kommen und mit dir sprechen, und dann bist du erleuchtet." Solange du glaubst, daß du sie von jemand anderem bekommst, wirst du keine Erleuchtung finden, denn so bleibst du ein „Suchender". Wie wir schon erfahren haben, bist du entweder ein „Suchender" oder ein „Findender". Suchende suchen eifrig immer weiter, während „Findende" erkennen, daß sie zwar nicht verstehen, daß sie aber auch nicht zu verstehen brauchen, sondern daß sie nur leben können.

Und das ist das einzige Geheimnis, von dem ich sprechen möchte. Ich sag's euch auch immer und immer wieder, *das ist es.* Die Erfahrung des Lebens von Augenblick zu Augenblick ist es. Das Leben wird nicht „besser" werden, meine Freunde. Könntet ihr bitte verstehen, daß das größte Geschenk, daß ihr euch machen könnt, darin liegt, zu akzeptieren, daß es nicht „besser" werden wird. *Dies* ist das Gesicht des Göttlichen. Wenn ihr immer auf eine Zukunft wartet, erschafft ihr nur mehr und mehr „morgen"; mehr und mehr „irgendwann einmal". Dieser Tag ist jeder Tag. Und dieser Tag ist *alle* Tage. Dieser Tag ist es! Wenn du aufhörst zu suchen und erkennst, daß du dir das Hirn nicht noch mehr zermartern, deinen Körper nicht noch mehr strapazieren kannst, daß du bereits alles getan hast, was du kannst, und dich bemüht hast, so sehr du kannst, und dich jetzt einfach hilflos fühlst — in dem Augenblick, wo du das sagst und es wirklich so meinst, kapituliert das Ego. Es war das Ego, das dieses Such-Spiel erfunden hat, und es ist das Ego, das „stirbt", sobald du erkennst, daß du nicht gewinnen kannst. In dem Augenblick, wo dir dieses Wissen bewußt wird, hat das Ego keine Macht mehr; es hört auf, dich zu motivieren, es hört auf, dich über die Stufen deines Lebens zu jagen. Es legt sich einfach hin und gibt auf. In Wahrheit „stirbt" das Ego nie, es ergibt sich nur.

Das beste Ego-Spiel ist in der Tat das spirituelle. Es ist ein unheimlich machtvolles Spiel, weil es dich scheinbar über alle anderen Menschen erhebt. Und warum? Weil du Gott suchst. Und jedermann weiß schließlich, daß Gott zu suchen das Allerhöchste ist. So suchst du also Gott, und du fühlst dich großartig, immer stärker und weiser, und dann immer heiliger, bis dir irgendwann auffällt, daß niemand dich mehr ausstehen kann. Du erscheinst ihnen so heilig, daß sie sich in deiner bloßen Gegenwart schuldig fühlen. Und zwar deshalb, weil dein Ego endlos alle und alles beurteilt und bewertet. Denk' daran, es *gibt* keine allgemeingültigen Regeln. Erleuchtung geschieht, wenn sie geschieht, falls sie geschieht. Wenn deine strengen Regeln funktionieren würden, wären viele von euch hier im Raum längst erleuchtet. *Wenn* sie funktionieren würden. Sie tun's aber nicht. Regeln werden stets aus dem Erleuchtungserlebnis eines Mannes oder einer Frau abgeleitet. Bände um Bände über dieses unglaubliche Erlebnis werden dann geschrieben — wie es geschah und was man machen sollte, um zu der gleichen Erkenntnis zu gelangen. Und doch! Jeder, der dieses Erlebnis hatte, weiß, daß Wahrheit nicht mehr in Worten ausgedrückt werden kann; doch versucht er sein bestes. Und die Worte gehen wiederum hinaus und werden aufgeschrieben, und dann leben wiederum Tausende von Jahren suchende Menschen danach. Manche von euch haben zahllose Leben lang nur nach „Erleuchtung" gestrebt, wieder und immer wieder; aber die deprimierende Wirklichkeit ist, daß du, wenn du weiterhin glauben willst, daß Gott etwas anderes ist als du in allem, was du in diesem Augenblick gerade tust, auch weiterhin in deinen Inkarnationen damit beschäftigt sein wirst.

Bitte, schaut euch die Leute an, die „tugendhaft" sein wollen. Das ist ein unglaublich schwerer Kampf, und das Auffälligste daran ist, daß sie so gar keinen Spaß dabei haben! Seit Hunderten von Jahren ist jene seltsame Idee gewachsen, daß man auf dem „Weg zu Gott" sofort jeglichen Spaß abzutun habe. Denn schließlich glaubt ihr ja, daß Gott nichts von Spaß versteht! Und doch wurde euch so oft schon gesagt: „Ein Zeichen für Gottes Gegenwart ist die Freude." Das ist wichtiger, als ihr glaubt! Denkt bitte daran, wann immer ihr euch innerlich gut fühlt, wenn ihr das Gefühl habt, auf dem rechten Weg zu sein und euer Leben friedvoll und unter Kontrolle zu haben! Ihr werdet dann manchmal so selbstgerecht und fühlt euch anderen überlegen. Für mich ist das der Augenblick, wo ihr merken solltet, daß etwas überhaupt nicht stimmt. Wenn ihr euer Leben „verstehen“ könnt, dann läuft es über den Kopf. Das Leben *ist* nicht zu verstehen. Habt ihr das noch immer nicht herausgefunden? Es ist nicht eine wunderbare Maschine, die anläuft und dann jahrhundertelang unerbittlich nach Gesetzen, die ihr ausgetüftelt habt, so weiterläuft! Leben ist anders! Hört darauf, wenn euch immer und immer wieder gesagt wird, daß Gott spontane, schöpferische, dynamische Bewegung ist. Wäre er eine Maschine, die erbarmungslos euren Gesetzen folgte, wo bliebe da die Spontaneität? Wenn ihr eine derart mechanische Vorstellung habt, dann vergeßt ihr wieder einmal eine Grundsubstanz des Lebens: Freude, die aus der spontanen Bewegung all dessen entsteht, was gerade passiert. Aus dieser Art von Bewegung erwächst Freiheit. Dann könnt ihr aufhören, euch zu kritisieren. Ihr könnt damit aufhören, irgendetwas werden zu wollen, und könnt stattdessen merken, daß ihr schon seid, was ihr seid — und das *ist* der Punkt: eure Kämpfe enden. Manche von euch haben Angst, den Kampf aufzugeben — denn wie könnt ihr dann erleuchtet werden? Seht ihr jetzt wie paradox ihr denkt? Ihr müßt um eine Erleuchtung „kämpfen“ — aber in Wirklichkeit könnt ihr erst dann erleuchtet werden, wenn der Kampf aufgehört hat.

Das Problem ist, daß ihr das falsche Ziel ins Auge gefaßt habt. Wißt ihr, daß Ramana Maharshi sagt: „Ihr seid schon erleuchtet“? Und ihr sagt dazu: „Ja, ja, ich weiß“, aber ihr glaubt es eben nicht. Ihr steckt diesen Satz irgendwo hin in euren Hinterkopf und wollt auch eines Tages einmal darüber nachdenken — aber glauben, nein, ihr glaubt es nicht. Ramana sagt: „Alles, was euch daran hindert, erleuchtet zu sein, ist der Gedanke, daß ihr nicht erleuchtet seid.“ Und ihr denkt beifällig: „Oh, ja, sehr gut gesagt“, aber ihr glaubt es noch immer nicht. Aber entweder ist dieser Mann ein Narr, der Lügen daherplappert, oder er sagt die Wahrheit. Ihr entscheidet, was ihr glauben wollt. Und wenn ihr entscheidet, daß er die Wahrheit spricht, würdet ihr ihm dann bitte, bitte auch glauben, wenn er sagt, daß das einzige, was euch daran hindert, erleuchtet zu sein, der irrige Gedanke ist, daß ihr *nicht erleuchtet* seid! Glaubt ihm oder auch nicht — aber glaubt ihm nicht halb. Kopf — Ego — Körper, diese drei sind es wiederum, die euch irgendwo zwischen Glauben und Nicht-Glauben festhalten.

Wie viele von euch gefallen sich darin, sich selbst als geistig Suchende zu definieren? Wenn ihr genau hinschaut, merkt ihr, daß dies die stärkste Ego-Waffe ist, um sich obenauf zu fühlen. Ein geistig Suchender ist immerhin das Beste, was man sein kann, und jeder weiß das! Viele Menschen spielen dieses Spiel auch, um eine bessere Meinung von sich selbst zu bekommen. Oft wenden sich Menschen, die in anderen Lebensbereichen versagt haben, der geistigen Welt zu und denken: „Na ja, aus meinem Erdenleben habe ich sonst nicht viel Gescheites gemacht, aber wenigstens kann ich es auf anderen Ebenen besser machen." Unglücklicherweise sind irdische und andere Ebenen eins. Man kann nicht einfach die irdische Ebene überspringen und dann in einem höheren Bewußtseinszustand auf himmlischen Wolken landen! Der leichteste Weg zum erweiterten Verstehen ist, eure Ebene und euch selbst, *genau so* wie sie ist und *wie ihr seid,* total und uneingeschränkt *anzunehmen,* und auch euren Nächsten ebenso zu lieben, *wie er jetzt ist.* Wie könnt ihr euren Nächsten lieben, wenn ihr euch ihm überlegen fühlt? Das ist schiere Herablassung, nicht Liebe!

Wie liebst du? Tu einfach, was du kannst und mit allem

und jedem, der dir vor Augen kommt. Tu, sage und spüre, was du bist. Sei heute *du selbst.* Und wenn ihr endlich aufhören würdet, euch so abzumühen, meine Freunde, dann wärt ihr nicht länger so hart zu euch selbst und zugleich wäret ihr auch anderen gegenüber nicht mehr hart. Bitte versteht, daß jemand, der die Welt als „unter seiner Würde" einstuft, der alle Leute als negativ, kritisch, schlecht oder disziplinlos abqualifiziert, immer auch sich selbst unzulänglich findet; und deshalb, um mit sich selber besser klarzukommen, eine Welt hinausprojiziert, die sich noch unvollkommener spiegelt. Das geht ewig so weiter, und es ist keine Lösung.

Wenn ihr meint, daß diese Welt aus einer Substanz erschaffen wurde, die nicht göttlich ist, dann haben wir uns nichts zu sagen. Aber wenn ihr glaubt, daß diese Welt von „Göttlicher Macht", wie ihr es nennt, erschaffen wurde und noch immer erschaffen und erhalten wird, dann müßt ihr auch den nächsten Schritt tun: Wenn dies Gottes Werk ist, dann laßt es uns tun! Gibt es zwei, Gott und den Teufel? Glaubt ihr, Trennung ist die Realität? Wißt ihr nicht, wie diese verstaubten Ideen entstanden sind? Ganz einfach: eine Gruppe von Menschen entschied, daß dieses spontane Leben ja gut und schön, aber so gar nicht „vorhersehbar" sei, und daß ein wenig Vorausschau unerläßlich wäre. Sie sagten: „Wir wollen ein paar Regeln aufstellen. Wenn wir Regeln machen, dann wissen *wir*, wie die Dinge laufen werden." Und ihr alle habt es gern „geregelt", weil die Leute euch dann keine Schwierigkeiten machen. Spontane Leute sind „schrecklich", weil sie sich dauernd verändern und ihr euch nicht auf sie verlassen könnt. Also sagt ihr ihnen, sie seien nicht verläßlich und verantwortungslos. Sie sind euch *unbequem*, weil sie sich so oft und so gerne verändern. Und wenn *sie* sich verändern, müßt *ihr* euch womöglich auch verändern, und das wollt ihr eigentlich nicht. Deshalb widersetzt ihr euch Veränderungen und ruft all die großen „Kosmischen Gesetze“ zu Zeugen an, die ihr selbst erschaffen habt, um eure Leute in Zucht und Ordnung zu halten. Man muß verantwortungsvoll sein, man muß verläßlich sein, man muß liebevoll sein und so weiter, die endlos lange Liste, die ihr aufgestellt habt. Merkt ihr denn nicht, wie sehr euer Leben von Regeln bestimmt ist? Ihr müßt entscheiden, was ihr essen dürft und was nicht, wie ihr atmen müßt und wie nicht, was ihr denken dürft und was nicht! Wie lange wollt ihr das denn noch machen, meine Freunde? Wollt ihr euch noch ausdenken, was ihr denken dürft und was nicht? Ihr habt euch da, weiß Gott, eine schreckliche Aufgabe gestellt, und dabei ist alles Unfug! Ihr vergeßt immer wieder die Grundvoraussetzung: es ist *alles* göttlich! Und wenn es göttlich ist, *wen oder was wollt ihr dann bevorzugen?*

Aber ihr glaubt ja einfach nicht, daß alles göttlich ist. Jene Einrichtung, die Kirche genannt wird, hat euch gelehrt, daß es etwas gibt, das „böse“ ist, und das Böse muß man unermüdlich und erbarmungslos bekämpfen. Ich hingegen sehe nichts Böses und glaube auch nicht an Böses. Ich glaube, daß es Angst gibt, und daß die Angst Menschen lieblos handeln läßt. Es gibt niemanden auf der Erde, der *keine Liebe in sich* hat. Niemanden! Aber die Angst vernebelt die Liebe und sagt: Sei nicht liebevoll, denn wenn du liebevoll bist, bist du verletzlich; und wenn du verletzlich bist, wird dich jemand verletzen. Sobald du also akzeptieren kannst, daß Schmerz einfach Schmerz ist und nichts weiter, und daß du nicht dein Leben lang vor dem Schmerz davonlaufen mußt, dann wirst du herausfinden, wie sich deine Welt vollkommen verändert. Laß es schmerzen! Bist du daran gestorben? Ihr seid alle ständig verletzt worden, immer wieder hat euch etwas wehgetan, und trotzdem seid ihr immer noch da, lebendig und gesund. Was genau hat er euch angetan, jener schreckliche Schmerz? Die *Angst* vor dem Schmerz, vor dem ihr davonlauft, ist bloß ein Trugbild. Ihr könnt nicht Freude ohne Leid haben, es sind die beiden Seiten ein und derselben Welt. Deshalb laßt die Leute „schlecht" über euch oder zu euch reden. Macht das wirklich etwas aus?

Laßt euch sagen, meine Freunde, daß ihr in jedem Augenblick, wo ihr etwas „Schlechtes" hört, entscheiden könnt. Ihr könnt entweder überhaupt nicht reagieren oder das Drama mutig ausagieren und jeden Moment davon geniessen. Das ist egal! Wenn du dich deprimiert, abgelehnt und schuldig fühlen möchtest — gut, tu's! Tu es aber kühn, mit Ausdruckskraft, Nachdruck und Vitalität! Sei echt dabei. Schwierig wird es ja bloß, wenn du sagst, du hast keine Wahl. *Es ist der Gedanke, daß du keine Wahl hast, der dich verletzlich macht.* Wenn du nur einmal sehen könntest, daß du in jedem Augenblick vollkommen die Wahl hast, dann würde sich allerhand verändern. Es sind nicht die Ereignisse, die dich untergraben, sondern *deine Reaktion darauf.* Ich weiß, ihr habt das alles schon bis zum Überdruß gehört! Aber wenn ihr es endlich wirklich und mit jeder Faser eures Wesens hört, dann versteht ihr sofort, daß nicht die Ereignisse euch verletzen, sondern wie ihr darauf reagiert.

Was heißt Erleuchtung für dich? Ist es ein Gefühl des Einsseins mit allem, was dich umgibt? Ein Gefühl von Freude, Mitgefühl und Leben? Ich möchte euch bitten, anzuschauen, was euch bis jetzt noch von diesem Gefühl trennt. Wenn ihr genau hinschaut, werdet ihr sehen, daß es lediglich eure Gedanken sind, die unablässig um eure Ängste aus der Vergangenheit kreisen — Angst vor zukünftiger

Einsamkeit, Krankheit, Schuld und was es da sonst noch gibt. Ihr seid gefangen und pendelt ständig zwischen den beiden Polen Vergangenheit und Zukunft hin und her. Jeder weiß heute, daß der Ausweg sich öffnet, so es gelingt, das Denken zur Ruhe zu bringen. Also geht ihr erneut durch allerlei Kasteiungen, um das Gedankenrad stillzulegen. Kasteiung ist jedoch nicht nötig. Ihr müßt einzig und allein eure Gedanken beruhigen. Und ihr bringt sie am besten dadurch zur Ruhe, daß ihr mit eurer Aufmerksamkeit stets *in diesem Augenblick* seid. Ihr könnt euch nicht den Kopf heiß denken, wenn ihr mit eurer Aufmerksamkeit in *diesem* Augenblick seid. Wenn ihr so lebt, wach für alles, was in euch ist; wenn ihr mutig hier seid und weder über die Zukunft noch über Vergangenes nachgrübelt. Dann seid ihr hier so dynamisch, daß ihr — Himmel hilf! — anfangt, euch sogar wohl zu fühlen! Und das kann zuerst ganz schrecklich sein. Ihr wißt ja wohl, daß es geradezu ein ethisches Gebot in eurer Kultur ist, daß es euch „schlecht" gehen muß? Sobald ein Kind sich gut mit sich selber fühlt, sagt die Mutter ihm, es sei arrogant. Wenn es sagt, es sei in diesem oder jenem gut, wird es sofort getadelt! Ihr lernt schon sehr früh, daß es nicht „zulässig" ist, zu sagen daß ihr in irgendetwas *gut* seid. Ein schönes Kind stellt vielleicht fest, daß es *schön* ist, aber die Leute halten es dann für eingebildet. Das Kind kann seine Schönheit wahrnehmen, aber es lernt, diese Stärke nicht zu konstatieren, sich selbst gegenüber nicht und schon gar nicht anderen gegenüber. Woher solltet ihr also jemals ein Gefühl für eure Stärke bekommen haben? Ihr dürft euch ja weder schön noch stark fühlen, und die Welt wird euch dieses Gefühl ebenfalls nicht vermitteln, weil die anderen kaum wollen, daß ihr euch besser fühlt als sie. Woher sollte euer Selbstgefühl kommen, wenn die Welt es euch nicht geben kann und ihr selbst auch nicht? Wenn ihr nun euch selbst, euer Leben, eure Welt und alles und jeden Menschen darin akzeptiert, dann wird plötzlich die angestaute Energie frei, die ihr jahrelang darauf verwandt habt, euch annehmbar zu *machen.*

Ihr habt euch lange genug die Köpfe an der Wand eures Lebens eingerannt, meine Freunde. Wenn ihr jetzt endlich aufhört, vollkommen sein zu wollen, werden die Dinge ins Laufen kommen. Ihr werdet auf einmal den Frieden und die Klarheit erleben, die ihr gesucht habt. Wir sagen euch immer wieder, daß es vollkommen in Ordnung ist, so, wie ihr seid, aber ich entdecke nicht, daß viele von euch das glauben. Wenn es Gott ist, der alles erschafft, dann hat Gott euer Leben erschaffen und Er hält es aufrecht, und es ist vollkommen in Ordnung, *genau so, wie es ist.*

Ihr alle, Millionen von euch, weben in einem Leben nach dem anderen ein unglaublich weites und wunderschönes Gewebe aus fließendem Licht. Aus eurem begrenzten Bewußtsein heraus könnt ihr dieses Gewebe nicht überblicken; aber im Verständnis eines jeden wird eine Zeit kommen, wo ihr genügend Erfahrung habt, um auch sehen zu können, was ihr da erschaffen habt, und ihr werdet es gut finden. *Ganz bestimmt!* Um dieses riesige Gewebe geht es auf eurem Lebensweg. Viele von euch hatten schon Erlebnisse, wo sie die Energiefäden zwischen sich und anderen und um sich herum sehen konnten, und ihr *wißt,* daß es wogende Lichtwege gibt, die euch erhalten und ernähren, und daß alles wunderschön, lebendig, dynamisch, tief, voll und absolut wunderbar ist. Weil ihr so *dicht* daran seid, so emsig damit beschäftigt, euer eigenes Stückchen zu weben, könnt ihr meist die Kühnheit und das Wunder des Ganzen nicht sehen. Aber wenn ihr es einstmals seht, werdet ihr nicht einen Faden, nicht einen Zwischenfall, nicht einen Augenblick verändern wollen; ihr werdet sehen, daß alles, alles just so, wie es ist, absolut vollkommen ist, und dann werdet ihr die Freude und das Wunder, Teil davon zu sein, fühlen. Ihr alle seid Teil dieses unendlichen Webbildes, und es ist so wunderschön! Versucht bitte, es so zu sehen.

Frage: Mein Ego erlaubt nicht, daß ich zurückschaue und sehe, daß ich in all den Jahren nichts gelernt habe, daß ich weder weiser noch irgendwie fähiger, noch spiritueller geworden bin.

Wenn ihr tief genug schaut, befindet ihr euch, glaube ich, alle in derselben Lage. Ihr habt so lange aus jener alten Idee gelebt, wonach ihr euch aufraffen, euren eigenen Weg gehen, selbständig sein und für euch selber sorgen müßt. Alle diese Vorstellungen sitzen seit vielen Leben in euch. Erst, wenn ihr im Augenblick lebt und dabei keinen Zentimeter in die Vergangenheit oder die Zukunft abrutscht, werdet ihr eure Beziehung zur Welt *sehen.* Schmerz kommt, ihr erlebt ihn, er geht wieder. Gefühle und Gedanken kommen, ihr reagiert darauf, und sie gehen wieder. Wenn ihr das alles beobachtet, baut sich ein anderes Kraftfeld um euch auf. Es wird immer mehr Momente, dann Stunden, dann Tage geben, wo sich eure alten Gedankenformen nicht wie gewohnt manifestieren. Ihr bemerkt, daß ihr nicht so schrecklich zu kämpfen braucht, daß ihr keinen guten Eindruck machen müßt, daß ihr nicht klug zu sein braucht — alle diese alten Ideen halten euch nicht mehr so fest umklammert. Ihr entdeckt, daß ihr in jedem Augenblick des Lebens, wie er sich auch entfalten mag, glücklicher und froher seid. Und der einzige Weg dahin ist, es zu *tun!* Du kannst nichts wegdenken; alles, was ihr tun könnt, ist, so machtvoll *bewußt* im Augenblick zu bleiben, daß eine neue Kraft beginnt, sich euch einzuprägen, — genau so, wie die alte Kraft sich euch vordem eingeprägt hat. Es wird nicht viele Leben dauern, bis ihr diese alten Sachen abgebaut habt. Sobald ihr beginnt, im Augenblick zu leben, entsteht daraus ganz von selbst, ohne daß ihr euch anstrengen müßt, ein neues Lebensgefühl. Und je mehr ihr das trainiert, desto weniger wird die Vergangenheit euch im Griff halten können. Und wenn das Neue erstarkt, fällt das Alte ab.

Wenn du im Augenblick lebst und die Kraft dessen spürst, was du bist, merkst du, daß du dich falsch identifiziert hattest. Du hast dich mit einem kleinen Körper/ Denken identifiziert, der sich durch Zeit/ Raum bewegte. Alle deine alten Regeln beziehen sich auf diesen Körper, dieses Denken. Das ist aber nicht, was du bist! Es ist nur ein ganz kleines Fragment der Ganzheit dessen, was du bist, und in der Macht des Augenblicks dämmert dir die wahre Vision. Und dann nehmen all diese Regeln, Bedürfnisse und Wünsche nur noch einen ziemlich blassen zweiten Platz ein gegenüber der Macht dessen, *was du wirklich bist!* Wenn diese Information für irgend jemanden irgendeine Bedeutung bekommen soll, dann muß sie über die bloßen Vorstellungen und Ideen hinausgehen und in die Praxis umgesetzt werden. Und die einzige Praktik, die ich wirklich empfehle, ist, im Augenblick zu bleiben. *Das ist es.* Und es ist so schön!

Im „Hier und Jetzt" werdet ihr alle Erfahrungen, alles, was ihr seht und hört, soviel lebendiger wahrnehmen. Wenn ihr ganz *hier* seid, ist alles so klar und so deutlich. Das Leben langweilt euch nur, weil ihr denkt, ihr wißt schon alles — *aber ihr wißt gar nichts!* Und ihr wißt deshalb nichts, weil jeder Augenblick neu ist — wie könntet ihr etwas kennen, das immer neu ist? Das Leben wird aufregend, wenn ihr jeden Augenblick etwas sein laßt, das ihr neu erlebt. Dieses ewig Neue ist es, das die Freude des Lebens ausmacht. Das Leben ist niemals grau, trostlos oder zu Ende; es ist genauso neu und so jung wie der Augenblick, in dem ihr geboren wurdet.

Meisterschaft

27. März 1983

Albuquerque, Neu Mexiko

Es ist die Zeit des Osterfestes und im Hinblick darauf möchte ich euch von Meistern sprechen. Ein wirklicher „Gottesmensch“ ist ein Meister. Jesus wurde Meister genannt und auch Buddha und viele andere große Lehrer.

„Meister“ ist ein interessantes Wort, denn es drückt eine Voraussetzung aus, die absolut unerläßlich ist. Um ein Meister zu sein, muß du zuerst Meister deines eigenen Lebens werden. Du weißt tief in deinem Inneren, daß du ein Teil der ewigen göttlichen Vorgänge bist, gleichzeitig weißt du aber auch, daß es Bereiche deiner Psyche gibt, die du noch nicht angeschaut hast. Diese Bereiche spiegeln sich in deiner bewußten Welt als Bereiche der Angst. Du fürchtest sie deswegen, weil du dadurch, daß du sie nicht angeschaut hast, diese Energien nicht beherrschst. Meister werden bedeutet nicht, besondere Fertigkeiten zu erlangen, sondern *bewußt* zu werden.

Sagen wir, du hast Ängste im Bereich deiner persönlichen Beziehungen. Du hast Angst, dich auf eine Beziehung einzulassen, weil du befürchtest, sie wieder zu verlieren, und wenn du sie verlierst, wirst du dich wieder so isoliert, so einsam und total niedergeschmettert fühlen. Diese Angst steigt in deinem Bewußtsein auf. Nun kannst du die Feststellung treffen: „Ich spüre Angst, also weiß ich, daß ich hier noch kein Meister bin." Und dein nächster Schritt ist dann, Meister über deine Angst zu werden. Leider tust du gewöhnlich etwas anderes. Meistens gibst du dich mit dem „Status quo" zufrieden, einer wohlgeglätteten Oberfläche des „Sees", in der du nicht zu ertrinken drohst. Und wenn diese Lösung nicht funktioniert, probierst du eine andere. Jedesmal, wenn du eine andere Lösung suchst und findest, handelst du dir jedoch wieder eine neue Angstschicht ein, denn du hast ja so oft schon „versagt". So entsteht das wohlbekannte Muster „Versagen".

Wo ist dann der Ausweg? Ein wahrer Suchender ist fest entschlossen, herauszufinden, *warum* er Angst hat. Jedermann hat Zugang zu seiner eigenen Akasha-Chronik. Mit ein wenig Kontemplation kannst du dir daraus die wichtigsten Ereignisse in diesem oder in deinen vergangenen Leben ins Wachbewußtsein zurückholen, die deine Konflikte und Ängste verursacht haben. Sie sind nicht in einem „Buch" aufgeschrieben, das jemand anderer verwaltet, zu dem du gehen müßtest, um diese Informationen zu erhalten. Sie sind ständig um dich, doch dein bewußtes Denken lehnt diese Informationen sogleich als „Einbildung" ab. Alsbald kommen dir Zweifel an dir selbst, und du akzeptierst sie. Ein wirklicher Meister nimmt jedoch diese Selbstzweifel *nicht* an, weil er das tiefe Verlangen hat, seine Ängste anzuschauen und sich von ihnen zu befreien. Dazu wird er jedes verfügbare Werkzeug einsetzen. Wenn nun auch du nach innen schaust, wirst du Bilder und Gefühle um deine Ängste herum sehen und dir ihrer vielfältigen Facetten immer bewußter werden. Du wirst ganz klar bestimmte Gefühlstöne wahrnehmen und schließlich genau wissen, wie deine Angst aussieht. Wenn du das einmal weißt, kannst du frei davon werden.

Hier ist eine Methode, wie du mit deinen Ängsten arbeiten kannst. Wenn du da sitzt und die Angst dich packt, dann ist deine erste Frage an dich selbst: „Wie fühlt sie sich an?" Deine Angst hat nämlich ein *Gefühl,* einen bestimmten Ton, eine Empfindung. Sie meldet sich an einem bestimmten Punkt deines Körpers und ist ziemlich heftig gegenwärtig. Sofort nimmt das Denken dann dieses Gefühl auf, fängt an, darüber zu sprechen und versucht, ihm zu entkommen. Nie bleibst du einfach sitzen und spürst deine Angst! Wenn du das tust, wirst du die Entdeckung machen, daß die Angst nicht etwa allumfassend ist. Sie ist da, und du spürst sie, aber gleichzeitig merkst du auch, daß viele Teile von dir keineswegs in die Angst verwickelt sind. Wenn du erst einmal weißt, daß auch Angst ein Teil deiner Realität ist, den du erfahren kannst, wirst du auch den Mut haben, mit deiner Aufmerksamkeit bei ihr zu bleiben, bis du sie verstehst. Wenn du allerdings glaubst, daß du die Angst *bist,* daß hauptsächlich Panik dein Wesen ausmacht, dann mußt du davor sicherlich fliehen, denn angesichts solcher Panik ist das Leben tatsächlich unerträglich. Sobald du aus eigener Erfahrung weißt, daß daneben auch noch sehr viel Kraft, Ausgewogenheit, Festigkeit, Mitgefühl, und sogar Humor vorhanden ist, dann wird alles anders.

Es ist, als ob du dir einen Finger verletzt hast, aber der ganze übrige Körper ist unversehrt. Du stürzt dich dann doch nicht von einer Klippe oder ergreifst irgendwelche anderen extremen Maßnahmen, nur, weil dir der Finger wehtut. Du bleibst ganz mutig und locker, denn der Rest von dir ist ja in bestem Zustand. Es ist also erneut dein mangelnder Überblick über die Tatsache, daß deine Angst nur ein kleiner Teil von dir ist, der dich so verletzlich macht. Wenn du erst einmal aus eigener Erfahrung und Wahrnehmung weißt, daß du so viel mehr bist als deine Angst, kann der Rest der „Weisheit", die dich umgibt, in Aktion treten. Wenn du in Panik bist, kannst du ja gar nicht klar denken. Du denkst nur an Flucht. Das Problem dabei ist, daß Angst nie einen Ausweg findet. Der Meister findet einen. Wenn du also den riesigen „Rest" von dir zur Hilfe nimmst, um dieses eine Teilproblemchen anzugehen, dann wird dir, wenn du einfach so mit deiner Angst dasitzt, unversehens einfallen, was du tun kannst. Du glaubst mir das nicht, weil du es nicht selbst ausprobiert hast. *Es ist eine Lebensart.* Meisterschaft ist eine Lebensart! Du kannst nicht eine Stunde pro Woche mal Meister sein. Meister sein mußt du ständig; das heißt aber auch, daß du jede noch so kleine Angst (und es ist besser, mit den kleinen anzufangen) aufgreifst. Jede Angst, die heraufkommt, ist wie die Spitze eines Eisberges — unter der Oberfläche und dir nicht zugänglich, liegt noch viel mehr. Sofern du anfängst, auch die kleinste Angst in Angriff zu nehmen, wirst du mit allem in Berührung kommen, was Angst wirklich für dich bedeutet. Es ist für jeden von euch ein bißchen anders. Laß kein Stückchen Angst deiner Sorgfalt entgehen. Wenn du dabei bleibst, wirst du zum Meister. Je häufiger du die Weisheit um dich herum um die richtige Lösung bittest, desto besser werden die Dinge laufen.

Viele von euch bringen sich bereitwillig und vorsätzlich in Streßsituationen. Das ist das Klügste, was ihr machen könnt, um Meister zu werden. Möglicherweise sind jene, die ein sehr sicheres und gemütliches Leben führen, deshalb in diesem Status, weil sie es sich versagt haben, mutig ihren inneren Eingebungen zu folgen, die sie auch in schwierigere Bereiche geführt hätten. Vielleicht ist euer Leben nicht deshalb so süß und angenehm, weil ihr nahezu „erleuchtet" seid, sondern weil ihr die Figuren rundherum alle zu eurer Zufriedenheit auf dem Schachbrett arrangiert habt und nichts „verkehrt" läuft. Aber ihr werdet die Spielfiguren entweder selbst bewegen müssen, oder euer tief inneres Selbst wird sie für euch in Bewegung setzen. Man kann sein Leben nur eine Zeitlang in einem statischen Zustand erhalten! Euer tief inneres Selbst weiß, was notwendig ist, damit ihr euch wieder an die Arbeit macht und eure unerledigten Muster aufarbeitet; ihr seid schließlich nicht hier, um euch für das wunderbare Leben, das ihr führt, eitel auf die Schulter zu klopfen. Notfalls wird das innere Selbst höchstwahrscheinlich einen heftigen Sturm verursachen, der rasch mal über euer Spielbrett bläst und alle Figuren durcheinander wirbelt. Herzlichen Glückwunsch, jetzt *habt* ihr Probleme!

Du brauchst nicht zu warten, bis deine Figuren purzeln, um zu sehen, welcher nächste Zug sich anbietet. Du weißt es. Vielleicht ist deine Beziehung der anstehende Bereich, oder deine Arbeit. Irgend etwas ist es — und du weißt, was! Weil du jedoch Angst hast und weil es auch bequemer ist, im Lehnstuhl zu sitzen und in den Fernseher zu starren, tust du deinen nächsten Schritt nicht. Aber dieser nächste Schritt ist es, der dich in Bewegung hält, so daß dein Leben weitergeht. Es ist nicht so gedacht, daß ihr wie Roboter vor euch hin lebt und immer nur „glücklich" seid. Das einzige Lebensziel ist, weiterzugehen, tiefer und immer noch tiefer in euer Selbst hineinzugehen. Ein Meister ist ein Mensch, der in alle Teile seiner Psyche hineingegangen ist, der alles gefunden und sich von nichts abgewandt hat. Alles, was dort zu finden ist, wird angenommen; egal, wie dunkel oder häßlich es erscheinen mag. Es wird *alles* liebend umfangen.

Vielleicht bist du jemand, der zwar ganz genau weiß, daß

sein Leben nicht so recht stimmt, aber doch nicht zugeben will, daß seine Beziehungen vermutlich langweilig und öde sind — und daß die Leute deiner Umgebung sich wahrscheinlich auch mit dir langweilen! Dein Leben stagniert. Wenn du dich jeden Morgen mit dem Gefühl aus dem Bett quälst, daß halt wieder so ein Tag „durchgestanden" werden muß, dann akzeptiere bitte, daß du stagnierst. Du kannst im Alter von fünf oder fünfundachtzig stagnieren oder überall dazwischen. Das Leben bewegt sich weiter, bis du deinen Körper verläßt. Es geht weiter bis zum Ende; und immer, wenn du merkst, daß du keine richtigen Gefühle mehr spürst, stagnierst du. Ich sage dazu nicht, daß ihr alle euer Haus oder eure Wohnung verlassen und Hals über Kopf woanders hinziehen solltet, um eine Veränderung herbeizuführen. Aber ihr solltet euch meiner Meinung nach doch fragen, wovor ihr zuviel Angst habt, um weiterzugehen. Wo seid ihr steckengeblieben aus purer Angst, daß euer Leben schwieriger wird, wenn ihr weitergeht? Wenn ihr da genau hinschaut, findet ihr diesen Punkt und dann werdet ihr die Angst endlich loslassen können. Doch schaut nicht hin, bevor ihr nicht bereit seid, auch das Nötige zu tun! Habt ihr es euch erst einmal bewußt gemacht, gibt es keine Ausflucht mehr, denn ihr dürft kein doppeltes Spiel spielen. Ihr könnt weder euer Bewußtsein noch euer Unterbewußtsein foppen. Also werdet ihr euch auf irgendeine Weise in Bewegung setzen müssen.

Es macht nichts, wenn ihr Probleme habt, denn ich verstehe, daß ihr euch durch eure sogenannten Probleme zur Meisterschaft hin bewegt. Es gibt Bereiche der Angst, die aufgedeckt werden müssen, und ihr entdeckt sie nicht, indem ihr davor weglauft, sondern dadurch, daß ihr euch ihnen mutig stellt. Meisterschaft kommt aus dem Verstehen, woher eure Probleme stammen. In dem Moment, wo ihr versteht, *warum* ihr Angst habt, könnt ihr anfangen, die Fesseln, die euch in Angst gehalten haben, zu lösen. Und so manche dieser Fesseln reicht wohl in frühere Leben zurück.

Sagen wir, du befürchtest finanzielle Schwierigkeiten, obwohl in deinem Leben keine Spur davon zu sehen ist. Weder bist du kurz vor dem Verhungern noch dem Erfrieren, aber trotzdem fürchtest du dich vor Armut. Wenn das eine starke Angst in dir ist und wenn diese Angst deinem Leben unangemessen zu sein scheint, dann stammt sie vermutlich nicht aus diesem Leben — aber dann stammst auch du nicht nur aus diesem Leben! Wenn du jetzt mal tief Luft holen und deine Ansicht von dir erweitern und sehen könntest, daß du das gegenwärtige aber dazu fortlaufende Ergebnis einer endlosen Reihe von Erfahrungen in vielen Leben bist, dann würdest du dir mehr Raum lassen zum Verständnis deiner selbst. Frage dich immer wieder, wo deine wirkliche Angst sitzt und was du wirklich fürchtest. Bringe dir deine Bilder und deine Gefühle aus anderen Zeiten und von anderen Orten zu Bewußtsein. Selbst der Rationalste von euch wird einen Unterschied zwischen sich selbst, zum Beispiel als kleiner Junge in Indien, der am Straßenrand verhungert, und seiner gegenwärtigen Position irgendwie in sein Verständnis integrieren müssen. Wenn du dann einmal verstanden hast, woher deine Ängste kommen, dann kannst du deinen eigenen Prozeß mit lächelnder Weisheit betrachten. Du wirst deine alten Ängste nicht los, bevor du sie dir nicht bewußt machst. Der Ausweg aus finanziellen Ängsten sind nicht viele Jobs, sondern es gilt, diese Ängste zu ihrer Quelle zurückzuverfolgen und die Beziehungen zwischen deiner früheren Angst und deinem derzeitigen Leben zu verstehen.

Krankheiten und damit verbundene Ängste erwachsen nur selten aus diesem Leben. Wenn du deine Angst vor Krankheit schon früher verarbeitet hast, dann wirst du jetzt bei Krankheiten volle Klarheit haben. Das Problem ist dabei nur, daß die Erinnerungen oder der Gefühlston aus vielen früheren Krankheiten in die Gegenwart herüberfluten. Du hast vergessen, daß es *in Ordnung* ist, wenn du jetzt krank bist! Jede Krankheit ist der Zeit und der Situation, in der sie sich meldet, angemessen, und jede paßt vollkommen ins Mosaik deines Lebens. Du siehst nicht ein, daß dein Leben, so, wie du es lebst, ganz und in Ordnung ist. Egal, in welcher Extremsituation du dich soeben befindest — sie hat einen tiefen, letzten und schönen Sinn. Du bist aber von deiner Angst gefangen, die nicht aus der gegenwärtigen Situation stammt, und kannst nicht ausmachen, woher sie „durchsickert". So fürchtest du nicht, was jetzt ist, sondern eine alte Angst übermannt dich.

Dasselbe kann in einer Beziehung geschehen. Es ist für zwei Menschen an der Zeit, in verschiedene Richtungen auseinanderzugehen; aber der eine hat vielleicht seine verborgenen Ängste aus vergangenen Leben noch nicht angeschaut und versucht nun, sich an den anderen zu hängen. Er oder sie spürt noch immer jene schreckliche Verzweiflung, die aus dem Verlusterlebnis einer vergangenen Beziehung stammt, und das hindert ihn oder sie, die Richtigkeit der Trennung einzusehen. Die einzige Rettung ist, sich dieser Dinge bewußt zu werden. Schaut jedesmal, wenn ihr Angst habt, genau hin, ob eure Angst aus der momentanen Situation kommt oder aus Schmerzen der Vergangenheit „durchblutet" oder ob es eine Kombination von beiden ist. In jeder Schwierigkeit mußt du vollkommen im Augenblick gegenwärtig sein, um die Macht, die dich umgibt, um die nötige

Klarheit zu bitten. Was meinte Christus, als er sagte: „Kommt her zu mir alle, die ihr mühselig und beladen seid, ich will euch erquicken"? Es bedeutet, daß in der Aura jeden Wesens, das je auf der Erde wandelte, unendliche Weisheit und unendliches Verstehen vorhanden ist; daß dein Leben, so, wie es sich jetzt, in diesem Augenblick ausdrückt, richtig ist. Dieses Gefühl der „Richtigkeit" ist es, das dich von der Last deiner Angst erlöst. Man kann es Christusbewußtsein, Buddha-Zustand, Göttliches Verständnis oder wie auch immer nennen. Es ist jener Teil von dir, der um die Vollkommenheit dessen weiß, was du bist, genau so, wie du *jetzt* bist, ohne jede Veränderung. Wenn du dich von nun an weigerst, vor der Angst davonzulaufen, wenn du jetzt beschließt, dich ihr zu stellen und so deine Vollkommenheit zu begreifen, wirst du klar, stark und sinnvoll die umfassendere Vision sehen können. Du brauchst nicht „erleuchtet" zu sein. Jesus hat nie gesagt: „Nur diejenigen unter euch, die erleuchtet sind, dürfen zu mir kommen, und ich will sie erquicken!" Er ging vielmehr zu den Niedergeschlagenen, zu denen, die am wenigsten verstanden, und rief sie. In der Menge hatte nicht einer einen Doktortitel. Er wußte, daß Angst ein sehr großer Faktor in ihrem Sein war.

Wenn du stets nur deine Angst anschaust, kannst du den Rest deines grenzenlosen Wesens nicht erkennen. In dem Augenblick, wo du bittest, zu sehen, erlöst zu werden, zu verstehen, inmitten all deiner Schwierigkeiten Seelenfrieden zu haben, wenn du nicht länger erwartest, daß irgendein „Großer Papa" deine Ängste wegmacht, sondern sie dir selbst anschaust, weil sie eben da sind — in dem Augenblick wirst du verstehen, daß deine aktuelle Schwierigkeit nur ein verschwindend kleiner Teil von dir ist, und daß es dem riesigen Rest von dir „danke, sehr gut" geht. Aus der

Weisheit und der Tiefe dessen, was du auch noch bist, wirst du dann bewußt jede Angst und jede Lage annehmen können. Und mit dieser Wahrnehmung kannst du sie vielleicht sogar genießen.

Ihr gestattet euch nicht, irgendetwas zu genießen, das irgendwie mit Schmerz, Leid oder Angst zu tun hat. Aber indem ihr diese Dinge von euch fernzuhalten trachtet, schneidet ihr zugleich einen Teil eurer Lebenskraft ab. Ich bitte euch, euch wirklich dazu zu verpflichten, endlich Meister eurer selbst zu werden. Bevor ihr jedoch nicht eure Angstbereiche akzeptiert und in euer Leben integriert, werdet ihr immer nur mit halber Kraft leben. In *jeder* Extremsituation, wie schmerzhaft oder gefährlich sie auch erscheinen mag, steckt immer die erstaunliche Kraft des Lebens — und ihr könnt nicht „total" leben, solange ihr Angst habt. Wie sollt ihr spontan sein, wenn ihr Angst habt? Wie sollt ihr euer Herz öffnen? Ihr habt ja Angst, euer Herz zu öffnen; ihr fürchtet, die Dunkelheit wird hereinfluten und euch überwältigen und isolieren. Viele von euch hatten bereits den Mut, sich in neue Situationen oder neue Lebensweisen hineinzuwagen, und wenn ihr jeden Tag „wach und da" bleibt, werdet ihr schnell merken, warum ihr das getan habt. Ihr geht so oft durchs Leben, ohne zu wissen, warum ihr bestimmte Dinge tut. Haltet eure Aufmerksamkeit Tag für Tag in jedem Augenblick auf euch selbst gerichtet, und ihr werdet immer wissen, was vor sich geht.

Wenn du in einer neuen Situation Angst verspürst, dann halte einfach einen Augenblick inne und frage dich, wovor du Angst hast. Was an dieser Situation hat die Angst in dir ausgelöst; kommt sie vielleicht aus einem Zusammenhang, der über diesen Augenblick hinausgeht? Frage dich, *was es ist, das du brauchst und nicht bekommst.* Wenn du Angst hast, dann immer deshalb, weil du etwas haben möchtest und es nicht bekommst. Wenn ihr an „Bedürfnisse“ denkt, dann meint ihr meistens etwas Physisches — mehr Leute, mehr Liebe oder mehr Geld. Im Grunde braucht ihr jedoch etwas, um euch angstfrei zu fühlen. Was ist es also, womit ihr euch in eurer spezifischen Situation angstfrei fühlen würdet?

Sagen wir, du bist bei einem Vorstellungsgespräch und die Person, mit der du sprichst, ist sehr barsch. Du bekommst vielleicht Angst. Wovor? Befürchtest du, abgelehnt zu werden, für unwert oder nicht gut genug befunden zu werden? Sowie du verstehst, welcher Teil deines Gefühls von vergangenen Ablehnungen herrührt, wird das gegenwärtige Gefühl weniger stark sein. Ist es denn wirklich so wichtig, ob du diese Stelle bekommst? Ist es wirklich so wichtig, ob diese Person dich für würdig erachtet? Mußt du dir leid tun, weil irgendeiner sagt, er würde lieber jemand anderen einstellen? Wenn du verstehst, was du haben möchtest und nicht bekommst (Anerkennung), dann wirst du diese Situation einfach loslassen können. Denn: Selbst, wenn du dich um eine Stelle bewirbst, für die du gar nicht ausgebildet bist, würdest du dich abgelehnt fühlen, wenn du sie nicht bekämst. Die menschliche Psyche hat die Eigenschaft, immer von *allen* anderen Wesen im Universum angenommen werden zu wollen. Wir können diesen Streß ein wenig verringern, wenn wir dein Bedürfnis nach Anerkennung halbieren. Sagen wir: Die Hälfte der Zeit wirst du anerkannt, und die andere Hälfte nicht. Das würde die Sache sehr erleichtern! Du könntest dich sogar glücklich schätzen, wenn du deine „tägliche Hälfte“ geschafft hast! Kein Mensch, der er selbst ist, wird die ganze Zeit nur Anerkennung ernten.

Wenn sogar jemand mit der Macht und der Weisheit Christi die Herzen nur so weniger Menschen erobern konnte, warum meinst du, daß es dir besser ergehen sollte? Es ist nicht möglich, und es ist auch nicht nötig. Dein Leben braucht nicht vollkommen anerkannt zu werden, um durch und durch schön zu sein. Um dein Leben schön zu machen, brauchst du nur an einer einzigen Stelle angenommen zu sein, und das ist *bei dir, und zwar genau so, wie du bist!* Und das geschieht durch mutige Selbstbeobachtung. Daraus lernst du, daß du so, wie du bist, genau richtig bist. Es ist etwas erstaunlich Wunderbares an dem Leben, das sich JETZT durch dich, so wie du bist, ausdrückt. Und dieses Wunder kommt nicht dadurch, daß du alle Leute im Viertel fragst, ob sie dich lieben; es ist einfach da, wenn du alles, was du über dich wissen mußt, innerlich annimmst. Darum dreht sich's in deinem Leben. Die ganze Welt könnte dich lieben, aber wenn du dich selbst nicht liebtest, würdest du es noch nicht einmal merken. Das Gegenteil ist auch wahr — die ganze Welt könnte gegen dich sein, aber wenn du dich selber liebtest, würdest du es noch nicht einmal merken. Nimm dich selbst innerlich an und die ganze Welt wird vollkommen annehmbar.

Frage: Ich war kürzlich krank und hatte viel Angst dabei, aber als ich mich auf den unendlichen Schöpfer konzentrierte, hat die Angst sich aufgelöst. War das eine Flucht?

Wenn es für dich funktioniert, würde ich sagen, mach' es weiter so. Das hat nichts mit Flucht zu tun; du weißt einfach, wohin du dich wenden kannst. Oft gibt es in extremen Situationen so etwas wie „Gnade". Die meisten von euch können bloß meistens nicht sitzen bleiben und auf diese Gnade warten. Ihr müßt *selbst* die Quelle eurer eigenen „Gnade“ sein. Die Quelle ist unendlich mitfühlend und zu Zeiten kommt die Energie und erhebt und verwandelt euch. Wenn ihr das jedoch tagtäglich erwartet, und es geschieht nicht, dann stagniert ihr. Der Meister sagt: „Ich tue, was ich kann, um mit dieser Angst umzugehen.“ Wenn du dich stellst und die Angst *spürst*, machst du sie zu deinem Bruder oder deiner Schwester, und die Ganzheit des angstvollen Erlebens kommt herein und belehrt dich. Wenn du wegläufst, erfährst du nie, wovor du eigentlich Angst hast, du spürst nur ihre Auswirkungen. Bleib also standhaft, fest und mutig, das macht dich *munter*. Du wirst munter, wenn du beschließt, Herr in deinem eigenen Haus zu werden. Das kommt von dem unendlichen Teil in dir, der dann beginnt, dich mit Kraft aufzuladen. Du hast das Recht, all die Macht deines eigenen Wesens anzurufen, damit sie dir durch jede Extremsituation hilft. Wenn du sie allerdings *nicht* anrufst, wird sie sich kaum bewegen. Dein begrenztes Ego-Ich hat einen Willen, und wenn du danach rufst, ist eine Kraft da. Seelenfrieden ist dein Recht, ganz gleich, wie dein Leben aussieht, auch inmitten der extremsten Lage. Nimm ihn in Anspruch! Wer soll Herr in deinem Hause sein — die Angst oder du? Du wählst! Nichts geschieht dir, nichts, das nicht vollkommen sinnvoll wäre und eine tiefe Absicht hätte. Isoliere darum die Angst in deinem „Finger“ und rufe den ganzen „Körper“ zu Hilfe, um sie zu klären. Mach' es dir nicht zur Gewohnheit, andere darum zu bitten, dir deine Ängste zu erläutern! Sie können dir einige Hinweise geben, aber sie können nicht alles wissen, weil sie nicht du sind. *Du* mußt der Meister sein. Wenn du beschließt, Meister zu werden, bekommt dein Leben eine sehr veränderte Bedeutung. Dann ist keine noch so extreme Situation unwillkommen, denn kein Mißgeschick kommt je ohne lindernde Gnade. Alles, was du tust und erlebst, wird Teil deines Prozesses, in dem du dich tiefer und tiefer kennenlernst. Darum geht es einzig und allein, meine Freunde — euch selbst kennenzulernen.

Frage: Kann man Wohlstand erschaffen, wenn man die Angst umkehrt und Wohlstand visualisiert?

Einigen von euch, die Wohlstand nicht brauchen, würde ich das nicht vorschlagen. Grundsätzlich gehe ich davon aus, daß euer eigenes tiefinneres Selbst genau weiß, was ihr braucht; nicht nur, um glücklich zu bleiben, sondern um euch weiterzuentwickeln. Manche Menschen entwickeln sich in Armut schneller und besser. Sie bewegen sich nur in extremen Situationen weiter voran; wenn alles um sie her angenehm ist, tun sie nichts. Ihr müßt alle eure Probleme, die da sind, verstehen und für eure geistige Entfaltung benutzen. Wenn ihr Wohlstand wollt, dann strebt danach. Aber wenn euer tiefinneres Selbst weiß, daß ihr aus der Armut mehr lernt, werdet ihr doch immer wieder arm sein. Ihr bekommt stets das, was für euer Wachstum erforderlich ist. Ihr alle habt viele Leben in großem Reichtum hinter euch. In eurem Leben der Dualität müßt ihr alles erfahren — Armut und Reichtum, Krankheit und Gesundheit, morden und ermordet werden, das ganze Spektrum wird gebraucht. Für jeden! Es ist nichts verkehrt daran, arm zu sein, außer, wenn ihr euch arm fühlt. Ihr seid hier, um eure Ängste zu sehen, und wenn Armut euch Angst macht, um so besser. Wenn ihr diese Angst nicht mehr braucht, werdet ihr, ohne einen Finger dafür zu rühren, Reichtum oder ein ausreichendes Einkommen haben. Für die meisten von euch ist großer Reichtum nicht das Richtige. Materialismus und

Geld sind immense Stolpersteine, die ihr auf der Erde überwinden müßt; sie geben euch zu viele Wahlmöglichkeiten, zu viele Puffer, die euch das Leben von außen scheinbar versüßen, so daß ihr vergeßt, wie elend ihr euch innerlich fühlt. Wenn ihr die tiefe Seelenlektion über die Angst vor Armut gelernt und diesen Zyklus abgeschlossen habt, dann kommt der Wohlstand, ohne daß ihr das Geringste dafür tut.

Frage: Kann man nicht seine Angst vor Krankheit überwinden, indem man sich auf Gesundheit konzentriert?

Du kannst so tun, als ob du dich auf Gesundheit konzentrierst, wenn du zum Beispiel sagst, „du glaubst an Gesundheit", aber bevor du nicht die Wurzel deiner Angst vor Krankheit entdeckt hast, wirst du überall nur Krankheit sehen können. Es ist gar nicht so schlimm, krank zu sein. Es ist gar nicht so schlimm, arm zu sein. *Nichts, was sich manifestiert,* ist so schlimm! Du wirst auch drankommen, dies alles zu erfahren. Wenn du daran arbeiten willst, Reichtum oder Gesundheit zu manifestieren, wunderbar! Du schaffst es vielleicht, besonders, wenn du dich wirklich anstrengst. Ich bitte euch jedoch, zu verstehen, warum das innere Selbst auch Krankheit manifestiert. Weil da irgendwo eine tiefe Angst sitzt, die aufgespürt und losgelassen werden muß; und sobald ihr sie loslaßt, ist es ein für allemal damit vorbei. Dann müßt ihr im nächsten Leben nicht mehr *versuchen,* gesund zu sein, ihr *seid* einfach gesund. Ihr seid bereit, von Augenblick zu Augenblick mit allem, was sich gerade darbietet, umzugehen. Jedesmal, wenn ihr eine Angst an ihrer Wurzel packt, ist sie vorbei, nicht nur in diesem Leben, sondern für alle Zeiten. Jeder von euch manifestiert das, was er lernen muß. Ihr seid nicht alle krank; ihr braucht nicht alle dieselben Lektionen. Ihr habt schon sehr viele Dinge gelernt, aber eure noch verbleibenden Lektionen habt ihr so lange nicht abgeschlossen, bis ihr nicht den Kern jeder Ursache aufgedeckt und entfernt habt. Was euch schließlich Gesundheit bringen wird, ist jetzt eine Konzentration auf die *Angst* vor Krankheit.

Die zwölf Ströme der Kraft

22. Januar 1984

Albuquerque, Neu Mexiko

Wir haben oft davon gesprochen, daß ihr auf einer Reise seid. In eurem täglichen Leben würdet ihr keine Bergwanderung ohne die korrekte Ausrüstung unternehmen, doch ihr habt vergessen, daß ihr auch für die Reise des Lebens eine Ausrüstung mitgebracht habt. Ich möchte euch deshalb an einige Teile dieser Ausrüstung erinnern.

Die Wissenschaft wird sich allmählich bewußter darüber, daß ihr Energie in Bewegung seid — manchmal schnell, manchmal langsam — und daß Bewegung in sich verschiedene Farben in helleren und dunkleren Streifen enthält. Zu eurer „Grundausrüstung" für die irdische Ebene gehören *zwölf „Ströme der Kraft"*. Diese zwölf Energieströme sind auch Teil eures Bewußtseins, und wenn ihr euch die Mühe macht, danach zu schauen, könnt ihr sie ohne weiteres erkennen. Die Schwierigkeit ist, daß ihr diese Ströme gewöhnlich eher als „Probleme" betrachtet, statt als Chance. Eine der Aufgaben, die ihr euch für euren Aufenthalt auf diesem Planeten vorgenommen habt, ist, zu erkennen, daß jeder dieser zwölf Ströme in zwei Teile geteilt ist. Ihr müßt sie wieder vereinen, ausbalancieren und in Harmonie bringen. Falls einer oder mehrere dieser Ströme in euch unregelmäßig fließen, dann habt ihr Schwierigkeiten in eurem Leben. Sobald ihr die Aufgabe, sie ins

Gleichgewicht zu bringen, erfüllt habt, schreitet ihr in neue Bewußtseinsbereiche fort, wo es wieder andere Kräfte gibt, die euch auf der irdischen Ebene nicht zur Verfügung stehen.

Wenn ihr euch in ein Inkarnationsmuster hineinbegebt und die zwölf Ströme allmählich ins Gleichgewicht bringt, dann erlebt ihr unpersönliche Liebe, Weisheit, ohne euch überlegen zu fühlen, Macht ohne Arroganz und Lebendigkeit, ohne euch als etwas Besonderes vorzukommen. All das gipfelt in dem wundervollen Bewußtseinszustand, den ihr „Seligkeit" nennt. Der Körper vibriert im Wissen um sein eigenes Wunder, aber dieses Wunder ist nichts Persönliches, weil ihr begreift, daß es die ganze Schöpfung durchzieht. Ihr müßt also in eurem Leben diese Kraft erkennen, die durch euch fließt, dann herausfinden, welcher Strom nicht im Gleichgewicht ist, und ihn ausbalancieren. Seid ihr euch über diese drei Dinge im Klaren, ist das nicht schwer. Wirkliche Ausgewogenheit bringt ein unbeschreibliches Gefühl mit sich, das viele von euch schon kennen — das Gefühl, daß *alles Leben genau so ist, wie es sein soll.* Das heißt nicht, daß ihr dann niemals mehr Konflikte erlebt; es heißt einfach, daß es gleich ist, was ihr für Gegensätze haben mögt. Wie ihr beobachten könnt, gibt es Menschen, deren Wesen auch unter großen physischen Schwierigkeiten Hingabe, Wunder, Liebe — und sogar Freude ausstrahlt! Um die Bereiche zu finden, wo ihr noch nicht in Harmonie seid, müßt ihr weniger die äußeren Situationen anschauen, als eure inneren Gefühle.

In all euren Erdenjahren sind euch viele Beschreibungen der zwölf Ströme zur Kenntnis gebracht worden. Ihr findet sie in euren spirituellen Schriften und verborgen in alten Mythen und Legenden. Diese Bücher können euch den Weg weisen, aber um eure Kraftströme in Harmonie zu bringen, braucht ihr nichts anderes als eure eigene Weisheit.

Wir wollen ein paar der bekanntesten Ströme besprechen. Beginnen wir mit dem Strom, den ihr *Alleinsein* zu nennen pflegt. Ihr habt in eurer derzeitigen Kultur die Kraft verloren, die der Weisheit des Alleinseins innewohnt, denn ihr habt diesen Zustand mit Einsamkeit verwechselt. Wenn dieser Strom in Harmonie ist, wißt ihr wieder, daß ihr alles, was ihr braucht, *in eurem eigenen Inneren* findet und daß ihr wirklich niemand sonst *nötig habt.* Das bedeutet nicht, daß ihr euch nicht an anderen freuen, Anteil nehmen oder sie bewundern könnt; aber ihr wißt, daß ihr das Gleichgewicht in eurem eigenen Inneren hergestellt habt und stark und selig allein stehen könnt. Ihr macht euch das Leben sehr schwierig, wenn ihr diesen Strom ignoriert. Dieses Zeitalter ist ein Zeitalter des „Zusammenseins“ geworden. Ihr seid die ganze Zeit zusammen, und selbst, wenn niemand um euch ist, habt ihr anstelle anderer Menschen fast immer das „allgemeine Mandala“, das Fernsehen, parat. Ihr müßtet die Seligkeit erleben, die aus dem Alleinsein mit euch selbst kommt! Wenn ihr freilich das Wunder und die Kraft dieses Stromes nie kennenlernt, bleibt ihr in eurer Welt in einem Zustand notorischen Ungleichgewichts, und sucht pausenlos nach anderen außerhalb von euch, die bewirken sollen, daß es euch gutgeht. Selbst jene von euch, die weise genug waren, sich ihr Leben mit sich allein einzurichten, stehen diesem Zustand dennoch zwiespältig gegenüber. Und genau dieser Zwiespalt hindert euch am Lernen. Anstatt festzustellen, daß ihr allein seid, weil ihr etwas wichtiges *über euch selbst* erfahren könnt, wenn ihr *mit euch selbst* allein seid, fühlt ihr euch einsam und verlassen. Wenn ihr aus schierer Angst vor dem

Alleinsein Beziehungen aufrecht erhaltet, die euch nichts mehr bedeuten, erschafft ihr dadurch erneut Angst, die das gleiche Ungleichgewicht hervorbringt, das euch wieder viele Leben lang an diesem Strom festhalten kann.

Wenn ihr etwas über die Ströme erfahren wollt, die bei euch nicht in Harmonie sind, dann schaut, welche Phantasien euch Angst machen. Schaut hin, wovor ihr euch fürchtet! Die Schreckgespenster sitzen in eurer Psyche, und sie zeigen euch, wo ihr nicht im Gleichgewicht seid. Vielleicht habt ihr Angst ums Geld. Manche von euch sorgen sich, wenn sie kein Geld haben und andere, wenn sie's *haben!* Geld ist einfach das heutige Symbol für Sicherheit.

Welcher Strom der Kraft steht hinter dem Geld? Die Fähigkeit, dem Leben zu *vertrauen,* ist der Strom, der hinter diesen Ängsten steht. Ihr habt ein verborgenes Gefühl, daß „Menschen nicht zu trauen" ist; daß sie nicht das Beste für euch wollen. Ich möchte dazu eine andere Sichtweise vorschlagen. Ihr alle seid eine immer weiterströmende Flut von Wesenheiten, die sich bewegen, erweitern, etwas erschaffen und bewußt werden. Und ihr tut *das Beste, was ihr in diesem Augenblick gerade könnt!* Ihr bewegt euch nicht in zufälligen Mustern. Wenn ihr begreifen würdet, daß *ihr* selbst euch nicht planlos umherbewegt, dann würdet ihr verstehen, daß es auch die anderen nicht tun. Wenn etwa eine andere Wesenheit ein „Muster der Vertrautheit" mit dir verläßt und sich ein anderes sucht, dann sei dir darüber klar, daß das nicht einfach zufällig geschieht. Du hast nur wieder Angst, daß dein Leben vielleicht schwieriger wird, wenn diese vertrauten Muster zerbrechen. Um dich sicher zu fühlen, versuchst du also, zerbrochene Teile wieder zum altvertrauten Muster zusammenzusetzen, indem du diese alten Partner, oder auch neue, in dein Leben hereinziehst.

Ich verlange nicht von euch, darauf zu vertrauen, daß andere für immer und ewig in eurem Leben bleiben oder daß ihr niemals Schmerz erleben werdet. Ich bitte euch jedoch, zu vertrauen, daß euer Universum sich *genau so* bewegt, wie es euren tiefsten Bedürfnissen entspricht; was immer hier ist, ist durch die Kraft hier, und was hier ist, ist auch nötig. Wenn eure Muster sich nie verändern würden, würdet ihr euch schrecklich langweilen. Ihr seid wegen der Kraft der Bewegung gekommen und nicht, um immer dieselben Szenerien zu erleben. Bitte lernt, eure wechselnden Szenerien zu genießen! So viele von euch versuchen, sich an die Vergangenheit zu klammern und Veränderungen in ihrem Leben zu verhindern! Ihr sprecht unentwegt über Ereignisse, die schon lange vorbei sind und klammert die neuen und euch „erschreckenden" Veränderungen aus, die womöglich kommen und vor denen ihr euch fürchtet. Solche Befürchtungen bestehen nur in eurem Kopf. Euer tiefinneres Selbst wird euch genau dorthin bringen, wo ihr die optimalen Erfahrungen für dieses Leben machen könnt. Ich möchte euch erneut bitten, zu vertrauen, daß dies so ist, und daß dieser Strom alle Kraft hat, euer Leben immer neu und aufregend zu machen.

Wie kannst du mit diesen Strömen kraftvoll umgehen, statt „schwächlich"? Du mußt dich einfach selbst anders sehen, ein anderes Bild von dir schaffen. Aus der Quelle, aus der alle diese faszinierenden Ströme kommen, und in vielfarbigen Strahlen hinausgehend, wurdest du erschaffen. Du hast gewählt, die göttliche Energie so zu verlangsamen, daß du als Form, als Körper erscheinen kannst. Wenn du dich durchs Leben bewegst — in positiver oder negativer Bewegung — spürst du dieses Lebendigsein. Wenn du es spürst, verspürst du auch die Bewegung der „Ströme". Diese *bewußte Wahrnehmung der Bewegung* ist just die Kraft, die du brauchst, um dich irgendeinem der Ströme vertrauensvoll zu nähern. Wenn der Körper „stirbt“, gehen die Ströme „weiter“, und ihr sagt dann, „der Geist hat den Körper verlassen“. Wenn du diese Ströme meisterhaft ausbalancieren möchstest, dann mußt du dir jeder Art von Bewegung in deinem Körper bewußt werden und beobachten, welcher Strom wann nicht im Gleichgewicht ist. Widerstand gegen positive oder negative Bewegung ist immer ein Zeichen dafür, daß du auf einen deiner unharmonischen Ströme gestoßen bist. Wenn du ihn identifiziert hast, kannst du dich fragen, was da zu tun ist. Und tu nicht so, als ob du es nicht wüßtest; denn in Wirklichkeit weißt du ungeheuer viel. Frage dich *jetzt,* sofort, was zu tun ist! Nicht zu einem passenderen Zeitpunkt, sondern im gleichen Augenblick, wo du den Druck eines Ungleichgewichts spürst. Beachte, daß du nicht bereit bist, dich mit gegebenen Situationen und Lösungen abzufinden. Versuche nicht, dich zu verteidigen oder zu rationalisieren. Frage einfach, und die Antwort wird kommen. Sie kommt als ein Wissen, als Einsicht oder als Gefühl. Es kann etwas ganz einfaches sein, wie: „Laß einfach los“ oder: „Nimm's nicht so wichtig“. Du kannst dir alle möglichen Botschaften oder Lösungen geben, aber du bekommst keine Antwort, wenn du nicht fragst. Mit dem Problem kommt auch immer die Antwort, denn beide sind Energie und kommen zusammen. Dann freilich mußt du den Mut haben, auch so zu handeln, wie du es dir vorgenommen hast.

Du hast alle diese Schwierigkeiten nur deshalb, weil du deine eigene Meisterschaft aufgegeben hast. Du hast sie anderen Menschen übertragen, die dir teilweise auch helfen können, da stimme ich zu, die aber niemals *wissen* können, was das beste für dich ist. Ihre Ströme sind nicht auf gleiche Weise in Disharmonie wie die einen, sie haben nicht dieselben Erfahrungen gemacht wie du und deshalb können sie nicht wirklich deine Fragen beantworten. Ihr lebt im Jahrhundert der Autoritäten — der Autorität anderer Leute! Eure eigene Macht habt ihr verloren, und sobald ihr sie braucht, glaubt ihr einfach nicht, daß ihr sie habt! Bitte, wißt das eine: Ihr seid nicht in dieses Leben gekommen, ohne Ausrüstung, die ihr für so eine Reise benötigt. *Ihr braucht kein Leben zu führen, das nicht im Gleichgewicht ist.* Es ist eure Verantwortung, zu entdecken, was jeweils das Beste für euch ist, und damit Frieden und Harmonie in euer Leben zu bringen.

Ein weiterer Kraftstrom, mit dem viele von euch Schwierigkeiten haben, ist der Strom der Weisheit. Du brauchst kein intellektuelles Genie zu sein, um diesen Strom in Harmonie zu bringen, denn er hat nichts mit jenen Informationen zu tun, die du in deinem Leben angehäuft hast. Die Menge deines gespeicherten Wissens hängt wirklich nur davon ab, wieviel Gehirnkraft du in diesem Leben zu aktivieren beschlossen hast. Willst du diesen Strom in Harmonie bringen, mußt du deshalb verstehen, daß wahre Weisheit die Fähigkeit ist, jedes Menschen Standpunkt mit Gleichmut anzuhören und zu akzeptieren. Wahre „Weisheit" ist das innere Wissen, daß jedermann seine eigene Wahrheit aus seiner eigenen Perspektive darstellt. Der Weise akzeptiert das, ohne sich davon angegriffen zu fühlen, ohne seinen eigenen Standpunkt zu verteidigen oder den eines anderen anzugreifen. Mit deiner Weisheit im Gleichgewicht fühlst du dich nicht von anderen bedroht! Weisheit bekommst du nicht durch irgendwelche aufgeschriebenen Wörter oder Informationen, auch nicht aus den größten aller Bücher! *Weisheit muß gelebt werden.* Sie ist dein eigenes Gespür dafür, was für *dich* in diesem Augenblick genau das Richtige ist. Was am Donnerstag für dich richtig ist, mag am Sonntag vielleicht nicht mehr angemessen sein — weil *du* nicht mehr derselbe bist. Weisheit entfaltet sich zutiefst in deinem Inneren, wenn du beginnst, dafür verantwortlich zu werden, deine eigene Wahrheit zu finden, und sie dennoch keinem anderen Wesen überstülpst. Es ist *nicht* verantwortungsvoll, wenn du meinst, was für dich wahr ist, müsse auch für alle anderen wahr sein und es für deine Aufgabe hälst, ihnen ungefragt diese Wahrheit zu „enthüllen". Ihr gebt euch ja so große Mühe, herauszufinden, wer der „Weiseste" ist, und viele eurer Beziehungen beruhen dann auf einem Kampf um das „Rechthaben". Weisheit ist erstrebenswert, und ich empfehle euch wirklich, danach zu streben; aber ich bitte euch inständig, nicht zu bemessen, wie viel oder wie wenig davon in euren Mitmenschen vorhanden ist. Ihr bedürft keiner Zustimmung von außen, damit eure eigene Weisheit gültig wird. Vertraut darauf, daß eure eigenen inneren Gefühle euch eure eigene Wahrheit zeigen werden.

Ich möchte auch von jenem Strom sprechen, den wir als *„Verantwortlichkeit"* bezeichnen wollen. Das ist ein Begriff, der viele von euch verwirrt. Ihr bekommt gesagt, daß ihr für euer Leben verantwortlich seid *und* für alles, was darin geschieht. Ihr hört auch, daß ihr dafür verantwortlich seid, anderen keine Unannehmlichkeiten zu bereiten und niemandem weh zu tun. Dieses Wort Verantwortung und eure Vorstellung davon könnte euch Angst machen, weil ihr fürchtet, daß viele Dinge, die ihr getan habt, schließlich andere verletzen werden. Es ist wahrlich eine große Belastung, wenn du dich für all das Chaos, das womöglich aus einer deiner Entscheidungen entstehen könnte, verantwortlich fühlst. Du hast ein Kind und fühlst dich zeitlebens für alles verantwortlich, was das Kind macht. Das Kind kommt in Schwierigkeiten — du fühlst dich dafür schuldig. Du hast einen Autounfall, in dem jemand verletzt oder getötet wird — du fühlst dich schuldig. Du gibst Informationen weiter, die schlecht benutzt werden und fühlst dich dafür verantwortlich. Es ist endlos.

Diese Art von Verantwortlichkeit meine ich nicht! Ich sage euch noch einmal, daß ihr euch nicht planlos und ziellos umherbewegen sollt. Ihr webt an einem zusammenhängenden, schönen, aufregenden und immer weiter werdenden Muster der Kraft. Ich spreche hier von der Verantwortung, zu erkennen, daß du, wenn du dein Leben anschaust und dir das, was du siehst, nicht gefällt, *selbst* die Veränderungen vornehmen mußt. Wachstum kommt durch Veränderung; aufregendes Wachstum kommt durch verantwortliche Veränderungen. Du beobachtest vielleicht, daß dich dein Leben nicht befriedigt, aber du zögerst, etwas zu verändern, weil dir die alten Muster vertraut sind, weil sie zwar nicht befriedigend, aber so schön vorhersehbar sind. Ich will euch daran erinnern, daß ihr in euch selbst die Fähigkeit habt, verantwortliche Entscheidungen zu treffen, Entscheidungen, die ein Leben erschaffen werden, daß euch gefällt. Der Strom der Verantwortlichkeit hat wiederum zwei Seiten. Die eine Seite zeigt einen Menschen, der ziellos und ohne jede Verantwortung durchs Leben stromert, und die andere einen Menschen, der sich für alles verantwortlich fühlt. Beide sind sie nicht im Gleichgewicht. Woran erkennst du, daß du neue Entscheidungen treffen mußt? Wenn du dein Leben anschaust, und Teile siehst, die für dich oder für andere nicht länger befriedigend sind. Dann mußt *du* die

Verantwortung dafür übernehmen, dir neuer Möglichkeiten bewußt zu werden, die die Balance wieder herstellen können. Das ist jedoch nicht das Übliche. Gewöhnlich findet ihr irgendeinen Vorwand dafür, eure lieben alten Muster beizubehalten, und gebt anderen die Schuld daran, daß die Dinge so sind, wie sie sind. Du wächst dadurch, daß du dein Leben anschaust, siehst, daß eine Veränderung notwendig ist, und dich nach innen wendest, um diese Veränderung durchzuführen. *Jede Wahl, die du einmal getroffen hast, kannst du auch wieder verändern.* Wenn du die Verantwortung übernimmst, daß du selbst über dein Leben entscheidest, dann kannst du dich mit Kraft und Vertrauen in deiner Welt bewegen.

Noch einen Strom möchten wir erwähnen: den Strom der *Macht in der manifesten Welt.* Manche Menschen werden, wenn sie sich Schwierigkeiten gegenübersehen, deprimiert und mutlos, während andere irrigerweise meinen, es sei immer alles in bester Ordnung. Das ist der Bereich von Macht oder Machtlosigkeit, wie sie sich auf der physischen Ebene manifestiert. Depressiv wirst du, wenn du eine Kraft, die du *besitzt*, nicht benützt hast. Das zu erkennen wird dich wieder ins Gleichgewicht bringen.

Wann immer du anfängst, dich depressiv zu fühlen, ist das ein Signal, um dich zu fragen, was dich da bedroht. Du fühlst eine Drohung, weil du wieder einmal Angst vor Veränderung hast, und doch kann sogar Depression ein spannendes Signal dafür sein, daß tiefe Veränderungen sich anbahnen. Die Veränderungen, die ihr am liebsten habt, sind die glücklichen und angenehmen. Wenn es jedoch nur angenehme Veränderungen in eurem Leben gäbe, würdet ihr euch sicherlich schnell langweilen. Eure unangenehmen Veränderungen bringen euch entschieden schneller in neue

Lebensbereiche, und das Ausbalancieren dieser Kraftströme macht das Leben auf der physischen Ebene so aufregend.

Menschen, die nur die glückliche Seite des Lebens sehen wollen und keine negativen Erfahrungen zulassen, vermeiden damit eine Aufgabe, für die sie eigentlich hergekommen sind — das Ausbalancieren der positiven und der negativen Pole. Ihr könnt nicht etwas ausbalancieren, das ihr nicht spüren könnt, und wenn ihr eure Ängste oder sogenannten negativen Seiten nicht spüren wollt, könnt ihr euer Leben nicht in seiner ganzen Fülle leben. Die Menschen, die darauf bestehen, daß „immer alles in Ordnung" ist, tun dies aus der unbewußten Angst heraus, mit dem, was vielleicht nicht „in Ordnung" wäre, nicht umgehen zu können. Um in Harmonie zu kommen, müssen sie bereit sein, *alle* Gefühle anzuschauen und dabei das tiefe Reservoir von Mut und Fähigkeiten zu entdecken, das sie vor sich selbst bislang verborgen haben. Mit dieser Entdeckung kommt auch die Kraft, sich mit Anmut und Schönheit in der manifesten Welt zu bewegen. Wenn du etwas Unangenehmes spürst, dann nimm es wahr und frage dich sogleich: „Was spüre ich? Wovor habe ich Angst? Was sehe ich da vor mir, und wie kann ich damit umgehen?" Du bist so programmiert, daß du durch die Gefühle in deinem Körper wissen kannst, was mit dir „verkehrt" ist. Und durch diese Gefühle kannst du die Kraft erkennen, ob sie blockiert ist oder fließt. Du bist auf höchste Bewußtheit ausgerichtet, aber du mußt wach sein und beobachten, was vor sich geht. Bei jeder Schwierigkeit, vor die du dich gestellt siehst, liegt die Lösung im Ausbalancieren der zwölf Ströme.

Frage: Warum sprichst du von „zwölf" Strömen?

Es ist euch gesagt worden, daß es sieben Chakren gibt. Das stimmt, aber ihr habt noch fünf weitere Chakren, und von diesen habe ich gerade gesprochen. Ihr bezeichnet sie als „Chakren", ich sage „Ströme". Die sieben Chakren oder Ströme, die ihr im Körper am leichtesten beobachten könnt, liegen im Bereich der Wirbelsäule, und ihr nehmt sie am besten wahr, wenn Kraft durch sie wirbelt. Diese sieben Chakren haben mit Überleben und Sexualität, Ausgewogenheit, Emotionen, Herz, Willen, visionärem Sehen und einem höheren Bewußtseinszustand zu tun. Das, was ihr dann als „höheren Bewußtseinszustand" bezeichnet, ist natürlich erst der Anfang einer Bewegung in die nächsthöheren zwölf Ströme hinein. In Wirklichkeit seid ihr jetzt ein Energiefeld mit zwölf aktiven Kraftpunkten. Wenn ihr euch in einem Zustand der Harmonie fühlt, dann deshalb, weil diese zwölf Ströme im Gleichgewicht sind. Sobald das geschieht und ihr die Erdensphäre verlaßt, werden euch weitere Ströme zuteil. Aus meiner eigenen Erfahrung kann ich bezeugen, daß Seligkeit immer noch seliger werden kann. Stellt euch vor, wieviel mehr Kraft und Freude ihr spüren werdet, wenn ihr noch zwölf weitere Ströme ins Gleichgewicht gebracht habt! Ihr könnt jedoch die Erdensphäre nicht verlassen, bevor ihr euch nicht um eure jetzigen zwölf Ströme gekümmert habt; denn wenn diese nicht ausgewogen sind und ihr bekämet noch zwölf weitere dazu, könnt ihr euch das Chaos wohl vorstellen. Ihr wäret keinesfalls in der Lage, mit ihnen umzugehen und würdet zu einer Gefahr nicht nur für euch selbst, sondern auch für andere Wesenheiten. Um also von einem Bewußtseinszustand in den nächsthöheren weiterzuschreiten, müßt ihr erst die vorhandenen Kräfte im Gleichgewicht haben.

Dieses Spiel ist kein Geheimnis; es soll auch nicht mysteriös klingen, sondern der *Meister*-schaft dienen. Ich möchte euch noch einmal bitten, eure eigenen inneren Widerstände genauestens zu betrachten, und in jedem Augenblick daran zu arbeiten, wenn ihr sie spürt. Das Wunder des Menschseins ist, daß ihr nicht nur der Computer seid, sondern gleichzeitig auch der Programmierer. Ihr könnt augenblicklich verstehen, was in euch vor sich geht. Bitte denkt daran, daß ihr wißt, *was* ihr wissen müßt und daß ihr es in dem Augenblick wißt, wann ihr es wissen müßt. Wenn ihr meint, ihr wißt es nicht, dann heißt das nur, daß ihr noch nicht bereit seid, zuzuhören. Das Wunder der menschlichen Psyche ist jedoch, daß ihr niemals an irgendeinem Punkt für immer stehenbleiben könnt.

Die fünf zusätzlichen Chakren oder Kraftströme, von denen wir gesprochen haben, sind beweglich. Die Kraft der Verantwortlichkeit zum Beispiel bewegt sich durch die sieben statischeren „Zentren“ und aktiviert sie, und ebenso die anderen Kräfte. Sie sind in ständiger Bewegung und lassen sich nicht in die „gerade Linie“ der sieben Chakren einreihen. Sind diese Kräfte im Fluß, können sie zu verschiedenen Zeitpunkten verschiedene Teile von euch aktivieren und mit ihnen interagieren. Das Überlebenschakra und der Strom des Vertrauens werden sich zum Beispiel darin abwechseln, den anderen auszubalancieren. Auf diese Weise bieten die Ströme und Zentren viele Kombinationen und Möglichkeiten, um deine Energien in Harmonie zu bringen.

Ich werde oft gefragt, inwiefern diese Welt eine Illusion sei? Manche Teile dessen, was ihr auf dieser Erde aus einer Kombination von Kraftströmen und eurem sogenannten

Ego erschaffen habt, bleiben nicht bestehen, und alles, was nicht bestehen bleibt, ist illusionär. Die Qualen, die ihr euren Kindern dadurch bereitet, daß ihr „schlechte Eltern" seid, sind nicht von Dauer; von einer Ebene jenseits der Körperform betrachtet sind sie also wirklich illusionär. Der Unterschied zwischen Illusion und Realität ist nun der, daß Realität *niemals aufhört zu existieren;* Illusion hingegen entsteht, nimmt eine Form an und verschwindet wieder. Ihr alle seid aus ein und derselben Substanz gemacht — wenn ihr also mehr als *eine* Substanz wahrnehmt, befindet ihr euch in einer Illusion. Wenn ihr ein „Set" von Strömen in euer Gleichgewicht gebracht habt, dann ist es *fertig* und ihr braucht damit nicht in anderen Leben noch einmal von vorne anzufangen. Die Ströme sind ewig, sie kommen nicht von dieser Erde und haben nichts mit Form zu tun. Sie steigen aus der Quelle auf und sind immer mit euch. Gleichzeitig sind sie von großem Nutzen, wenn sie sich mit Form vereinen. Ihr belebt die Form und „entzündet" sie. Die Form stirbt, nicht aber die Kraft der Ströme. Seid ihr nicht froh, daß die vielen illusionären Gedanken und Gefühle, die ihr jetzt mit euch schleppt, nicht ewig währen? Gestern ist schon vorbei; genau so vergangen wie ein Teil eures eigenen Musters. Er wurde durch eure Kraft geboren und belebt, und starb dann. Eure Kraft bleibt. Die Form ist verschwunden.

Eure Doktrin von der „ewigen Strafe" ist vermutlich jene Lehre auf Erden, die euch am schlimmsten verkrüppelt. Sie ist auch die böseste Entstellung der Schöpfung, die ich kenne. Sie ist einfach *nicht wahr,* hat jedoch eine schreckliche Angst in eure Seele gepflanzt. Also noch einmal: egal, was ihr erschaffen habt — wenn die Kraft die Form verläßt, dann zerfällt die Form, und ihr seid nicht „bis ins dritte Glied" oder für alle Zeiten dafür verantwortlich. Tut einfach euer Bestes, um eure zwölf Ströme in Harmonie zu bringen und gesteht allen anderen dasselbe Recht zu. Vertraut darauf, daß ihr alle euch nicht in zufälligen Bahnen bewegt. Eure Kinder haben euch als Eltern gewählt, weil euer ganz spezifischer Kampf darum, eure Ströme ins Gleichgewicht zu bringen, genau jene Herausforderung war, die sie benötigten. Ihr alle sucht euch immer genau die Herausforderungen, die ihr braucht.

Dies ist kein zufälliges Universum. Freiheit kommt aus dem Wissen, daß alle Illusionen, die ihr euch erschaffen habt, vergehen. Das Wunder der Ströme ist das, was ihr *Ewigkeit* nennt. Ihre Harmonie ist das, was ihr in die „nächste Welt" mitnehmt, und aus dieser Harmonie kommt das neue Leben, mit neuen Gelegenheiten zum Wachsen und zum Teilen. Illusionen vergehen; nur das Wahre bleibt.

Höhere Energiefelder

13. Januar 1985

Albuquerque, Neu Mexiko

Wir wollen mit einer offensichtlichen Feststellung beginnen: kritische Situationen gibt es nicht nur auf der Erde. Wie oben, so unten; und oben und unten spiegeln einander. Davon ausgehend, aber ohne jede Aufregung darum herum, möchte ich mich diesmal in einen Bereich begeben, der bis jetzt für euch nicht wichtig gewesen ist.

Wir haben oft darüber gesprochen, daß ihr in eurem Leben wach und aufmerksam sein müßt, aber ich möchte jetzt dazu etwas anderes sagen und bitte euch, es ernstzunehmen. Wir haben euch gesagt, daß die Energie, die auf die Erde gesandt wird, damit ihr sie aufnehmt, euch wandelt und euer Bewußtsein erweitert, gewaltig zugenommen hat. Ihr nennt es das Neue Zeitalter. Wir nennen es *höhere Energiefelder.* Die Schwierigkeit mit höheren Energiefeldern ist, daß ihr nicht wißt, was sie enthalten, denn wenn ihr es wüßtet, wären sie ja nicht höher. Dann wären sie so ähnlich wie die, die ihr gerade erlebt. Höhere Energiefelder rufen indes die Menschheit auf, Dinge anders zu machen, als sie es in den vergangenen Jahren — vielleicht gar in ein paar tausend vergangenen Jahren — gemacht hat. Das bedeutet, daß jeder von euch auf seine eigene Weise beginnen muß, neue Öffnungen für diese Energie zu schaffen. Viele von euch erleben schon jetzt einen ungeheuren Energieüberschuß. Ihr seid verwirrt oder befremdet und versteht vielleicht nicht, warum das so ist. Nichts in eurem Leben ist so besonders anders, aber irgend etwas in der Normalität eines Lebens, das so lange „normal" war, verändert sich. Beziehungen, Arbeit, selbst das Bewegen in der Welt wird schwieriger.

Ihr habt einen Ruf nach höherem Bewußtsein, nach Erweiterung ausgesandt. Ihr wollt eure Grenzen durchbrechen und etwas ganz Neues, Starkes, Aufregendes erleben. Wir haben es gehört und antworten, indem wir euch diese höheren Energiefelder senden. Ihr habt momentan noch *nicht* die Mittel in eurem Körper, diese Energie in euch aufzunehmen, ohne physisch in Aufruhr zu geraten. Viele, die bislang immer lange sitzen und meditieren konnten, merken auf einmal, daß sie kaum noch stillsitzen können. Sobald sie sitzen, fängt alles an zu schwirren, sie werden nervös und zappelig. Diejenigen von euch, die das Schwitzhüttenritual machen, haben manchmal das Gefühl, daß noch etwas fehlt. Ich sehe zu, wie die Leute versuchen, durch körperliche Maßnahmen mit ihrer Unruhe fertig zu werden: sie legen mehr Steine aufs Feuer und machen sie heißer oder sie sitzen länger in der Meditation, um so vielleicht zur Ruhe zu kommen. Menschen, die beten, beten intensiver — aber das hilft alles nichts.

Was müßt ihr also tun? Neue Öffnungen in einem physischen Körper zu schaffen, damit ihr die höheren Frequenzen aufnehmen könnt, bleibt letztendlich eine persönliche Angelegenheit. Ihr alle seid wundersame Kraftzentren voller Punkte, die lebendige Bewußtheit auslösen können. Die meisten dieser Auslöserpunkte nehmt ihr bisher überhaupt nicht wahr. Gewöhnlich ist das auch kein Problem; aber wenn diese neue Energie kommt, trifft sie just auf diese Punkte und rüttelt das Physische auf. Überall auf der Welt reagieren Menschen auf individuelle Weise auf diese erhöhte Energie, und meistens wissen sie zunächst nichts damit anzufangen. Diese neue Kraft wird sehr vieles verändern, vom Wetter bis zu eurer eigenen Reaktion auf das tägliche Leben. Und darüber möchte ich heute sprechen.

Meine Freunde, ihr müßt einen Weg finden, wie ihr mit der erhöhten Energie umgehen könnt, sonst werdet ihr sogar mit Menschen und Dingen, die euch wirklich wichtig sind, in sehr unbeständige Situationen geraten — in euren Beziehungen, in der Familie oder in eurer Arbeit. Diese Energie wird stärker und stärker, und ihr könnt nicht länger achtlos damit umgehen. *Ihr könnt nicht mehr nachlässig sein.* Ich meine damit nicht, daß ihr so tun sollt, als hättet ihr keine Probleme, als wäre das Leben nur einfach schön, selbst wenn ihr schier am Auseinanderfallen seid. Ich verlange nicht von euch, daß ihr euch oder anderen etwas vormacht. Ich bitte euch nur um eines: ihr habt in eurer Psyche die Fähigkeit, euch *selbst anzuschauen,* und diese Fähigkeit wird in dieser Zeit gebraucht. Ohne gründliche Auseinandersetzung mit euch selbst werdet ihr nicht in der Lage sein, euch schöpferisch und dynamisch in eurer Welt zu bewegen, wenn die Kraft immer stärker wird. Ihr würdet gegen die geballte Energie der anderen anrennen.

Ihr müßt euch allmählich darüber klarwerden, daß jede Schwierigkeit, die ihr wahrnehmt, *euer Spiegel* ist. *Ihr selbst* habt alle diese Menschen und Ereignisse in euer Leben gerufen, damit sie euch die Teile eures Bewußtseins zeigen, die ihr bis jetzt noch nicht klar sehen wolltet. Das soll nicht etwa heißen, daß ihr Wüstlinge seid, wenn ihr einem Wüstling begegnet. Es bedeutet, daß ihr Lüsternheit *verurteilt.* Und wenn ihr andere verurteilt, könnt ihr sicher sein, daß ihr irgendwo in eurer Psyche auch euch selbst verurteilt. *Diese* Stelle in euch müßt ihr finden und untersuchen, diesen Teil von euch, der es nötig hat, sich überlegen zu fühlen, und es demonstriert, indem er andere verurteilt. Jedesmal, wenn ihr urteilt, müßt ihr verstehen, was ihr da tut, meine Freunde. Ihr tretet auf jemanden, um dadurch vielleicht nicht vor der Welt, aber vor euch selbst um so viel „besser" dazustehen. Urteilen ist jedoch das Trennendste, was ihr tun könnt, denn dadurch wollt ihr um jeden Preis beweisen, daß ihr besser seid. Was ihr im Grunde jedoch wirklich erreichen wollt, ist, euch *gleichwertig* zu fühlen. Wüßtet ihr wirklich, daß ihr „besser" seid, hättet ihr Mitgefühl, denn ihr würdet verstehen, daß Urteilen niemals heilt. *Urteilen* heilt nichts und niemanden, zu keinem Zeitpunkt. Urteilen tötet. Diejenigen, die ihre Mitmenschen verurteilen, müssen also ihre Verantwortung erkennen, daß sie bloß verzweifelt versuchen, ihr Urteil über sich selbst in einen anderen Bereich ihres Lebens zu verbannen. Ein Teil eurer Psyche will nicht, daß ihr nach innen schaut, deshalb überlistet er euch ständig, nach außen zu schauen. Wenn ihr urteilt, könnt ihr nicht zugleich mitfühlend sein, denn Urteilen und Mitgefühl können nicht miteinander bestehen. Wenn ihr mitfühlt, könnt ihr nicht urteilen, denn vom Standpunkt des Mitgefühls aus versteht ihr, daß dieser Mensch, den ihr da gerade vor euch habt, *sich nicht anders verhalten kann.* Und ihr *dürft* ihm nicht eure Regeln aufzwingen, denn es gibt immer noch Teile eures *eigenen* Bewußtseins, die andere Leute dann anschauen und als „falsch" beurteilen können.

Warum ist Urteilen ein so entscheidendes Thema, und was hat es mit Energie zu tun? Urteilen tötet, denn es kerkert euch ein in eurer physischen Form. Wenn ihr urteilt, werdet ihr es in eurem Bewußtsein und in eurem

Körper spüren. Oft spürt ihr es wie ein schweres Gewicht im Herzzentrum. Man könnte Urteilen auch als Mangel an Liebe bezeichnen. Und dieser Mangel läßt eure Energie in sich selbst zusammenfallen. Energie dehnt sich entweder aus oder zieht sich zusammen, sie flutet hinaus oder sackt zusammen. Wenn sie durch euer Urteilen in sich zusammenfällt, haltet ihr die ganze Kraft in euch fest, die, wäre sie frei, die Dinge klären und euch helfen würde, zu verstehen, in was für einer speziellen Schwierigkeit ihr soeben steckt. Aber meist könnt ihr nichts verstehen, weil ihr verbissen an einem Urteil in eurem Inneren festhaltet, das die Energie nicht frei fließen läßt. Diese Blockade kann verschiedene Erfahrungen bewirken. Ihr verliert vielleicht Geld oder es kommt keines mehr herein; eure Gesundheit läßt nach; Liebe, Freundschaften oder materielle Dinge verschwinden aus eurem Leben. Nicht alles auf einmal, aber paßt auf, was Kontraktion bewirkt: Ihr habt immer weniger Menschen um euch, immer weniger Energie kommt herein, und euer *Leben* fängt an, sich in sich selbst zusammenzuziehen. Es fällt euch schwer, sogar einfache Dinge zu tun. Wenn ihr es sogar schwierig findet, morgens aufzustehen und den Tag zu überstehen — dann, Freunde, *müßt* ihr verstehen, daß ihr irgendwo in eurer Psyche das Bild von euch selbst unter Druck setzt, weil ihr Angst, Angst, Angst habt. Ihr braucht keine Angst zu haben! Euer Wesen besteht aus Hunderten von Teilen, und wenn ein Teil sich im Schatten befindet, bedeutet das doch nicht, daß ihr deshalb kein wunderbares Bewußtsein seid. Aber ihr müßt endlich in euch hineinlauschen und herausfinden, wie dieser jeweilige Schatten beschaffen ist, welche Farbe und Form er hat, was er enthält und wie er sich anfühlt. Er *hat* eine Form und ein Gefühl, er lebt und *ist da.* Manchmal beruht er auf vergangenen Leben

— auf Leben, in denen ihr unmenschlich harte Zeiten durchgemacht habt und wo ihr, um zu überleben, nicht innerhalb ganz genau umrissener Grenzen handeln konntet. Diese „ungesetzlichen" Handlungen hielten euch am Leben.

Wir wollen über einige dieser Dinge sprechen. Nehmen wir zum Beispiel Diebstahl. Es hat viele Leben gegeben, wo die meisten von euch das Gesetz hintergehen mußten und sich beispielsweise entschlossen, zu stehlen, um Menschen beim Überleben zu helfen, zumeist jenen, für die ihr damals verantwortlich wart: Kinder, Ehepartner, Alte, Hilflose — wer auch immer. Und so sagtet ihr bewußt: „Das größere Gesetz verlangt, für die zu sorgen, die ich liebe; das materielle Gesetz ist dagegen unwichtiger." Viele Leben lang habt ihr nach dieser Überzeugung gehandelt, und es hat euch nichts daran gestört. Aber nun präsentiert sie sich in diesem Leben, und jetzt seid ihr nicht Leute, die einige Äpfel oder Orangen stehlen, sondern Grundstücksmakler, die nur ein kleines bißchen lügen, Geschäftsleute, die nur ein kleines bißchen betrügen, Hausfrauen, die ihren Männern nur ein kleines bißchen Geld aus dem Portemonnaie nehmen — alle diese Sachen, überall nur ein kleines bißchen. Und ihr seht es als kein so großes Problem an. Es ist ja wirklich nur ein bißchen, es schadet kaum. Es passiert aber *doch* etwas, weil diese geringen Handlungen in euch bleiben und leise und unablässig an euch nagen. Was also tut ihr, um euren eigenen Schatten nicht anschauen zu müssen? Ihr findet den eines anderen und müht euch, möglichst viel Lärm drumherum zu machen. Und das kann durchaus sehr gut funktionieren! Für eure Freunde *ist* es vielleicht nützlich, wenn ihr ihnen *ihren* Schatten zeigt, vielleicht aber auch nicht. Ehrlicher ist es jedoch, wenn ihr jedesmal, wenn ihr jemand anderen heftig verurteilt, euch eingesteht, daß ihr da ein Urteil gegen euch selbst versteckt habt, das ihr euch nicht anzuschauen traut.

Lange habt ihr nach höherer Energie gerufen, um euer Bewußtsein zu erweitern, und diese Energie ist *jetzt* da. *Jetzt* müßt ihr sehr aufmerksam sein, denn ihr werdet nicht eher in Kraft und Schönheit an dieser neuen Energie teilhaben können, bis ihr versteht, daß es das *Urteilen* ist, was in diesem ganz bestimmten Jahrzehnt euer Bewußtsein trübt.

Weil ihr urteilt, könnt ihr nicht mit dem kraftvollen und dynamischen Wunder und der Ganzheit eures eigenen Seins in Berührung kommen. Das Urteil steht da als ein Schatten zwischen euch. Doch wenn ihr alles riskieren wollt, um alles zu gewinnen, dann schaut euch euren Schatten an. Ihr könnt zum Beispiel *eure Freunde befragen.* Das Wunderbare ist, daß ihr füreinander durchsichtig seid wie Glas. Ihr seht durch euch hindurch. Da dies eine Welt ist, in der ihr überleben wollt, seid ihr alle sehr gut darin geworden, euch, sobald ihr euch angegriffen fühlt, mit einem Blick einzuschätzen. Ihr müßt wissen, wo die anderen stehen, wo ihre Stärken und Schwächen liegen, wann, ob und wie ihr „angreifen" könnt. Ihr bewegt euch so wunderschön nebeneinander in der äußeren Welt, also kennt ihr einander recht gut. Wenn ihr jedoch wirklich einen riesigen Schritt in euren Schatten *hinein* tun wollt, dann bittet Menschen, von denen ihr wißt, daß sie euch wirklich lieben, euch eure Schwächen zu nennen. Fragt nicht Leute, die nur behaupten, euch zu lieben; die würden euch nur sagen, was *sie* als euren Schatten sehen wollen. Wendet euch an Freunde, die ihr als vertrauenswürdig kennt. Diese werden verstehen, daß ihr jetzt wirklich offen und ehrlich euer ganzes Wesen erkennen wollt — sie werden euch dabei helfen. Sagt diesen liebenden Freunden, daß es das Ernsthafteste ist, um was ihr sie jemals bitten werdet.

Wenn du nun den Mut und eine Handvoll vertrauenswürdiger Freunde gefunden hast, dann frage. Frage sie mit aller Offenheit des Bewußtseins, die dir erlaubt, zu hören. Es wird wehtun, du wirst dich winden und weglaufen wollen, aber bleib' da und höre zu. Es wird in deinem Bewußtsein „klingeln", wenn du weißt, daß das, was sie sagen, zutrifft. Sie können dich nicht täuschen. Wenn du in einem Zustand offener, starker Bewußtheit bist, reagiert auch dein Körper auf die Worte, die hereinkommen. Es ist eine sensationelle körperliche Erfahrung und du *wirst* ganz genau wissen, was wahr ist. Du *wirst* spüren, wie sich dir die Kehle, der Solarplexus, die Schultern zusammenziehen. Und dann, wenn der physische Körper es aufnimmt, öffne dich noch mehr und atme. *Sacke nicht in dich zusammen.* Öffne dich einfach und bestätige dir, daß du in Ordnung bist. Es ist an der Zeit, daß du aufhörst, so zu tun, als wärest du vollkommen. Wärest du vollkommen, bräuchtest du nicht hier zu sein. Wären deine Energiefelder in vollkommenem Gleichgewicht, würdest du in einer Frequenz schwingen, daß du ernstlich Mühe hättest, auf dieser irdischen Ebene zu verbleiben. Deshalb sei bitte bereit, alles zu hören, was ein liebevoller Freund dir über deinen Schatten sagen kann.

Was ist, wenn du solch einen Freund oder Freundeskreis nicht hast? Wie sollst du dann deinen Schatten identifizieren? Geh' den Weg des Kämpfers, den einsamen Pfad. Kaufe dir ein großes Notizbuch und notiere ehrlich jeden Tag eine Zeitlang deine Schwächen, von denen du immer gewußt hast, daß sie zwar stimmen, die du dir aber nie eingestanden hast. Akzeptiere immer und immer wieder dir selber gegenüber diese Schwächen. So gewinnst du Kraft und kannst dem Risiko, diese dunklen Bereiche anzuschauen, mutig ins Auge sehen. Für diesen Klärungsprozess kannst du auch andere Bereiche deines Bewußtseins zur Hilfe rufen, andere Teile deines Seins, die bereits stark und klar sind. Wenn du Tag für Tag mit diesen Beobachtungen arbeitest und sie aufschreibst, fällt dir rasch auf, daß du allmählich aus dem mentalen Vorgang des Schreibens in einen tiefen unwillkürlichen Prozeß gelangst, der wie Luftblasen ständig neue innere Wahrheiten aufsteigen läßt. Von überallher steigen dann Erkenntnisse in dir auf und kommen heraus, ohne über das bewußte Denken zu gehen. Deine Intuition erlaubt sich einfach, dich zu führen, dir alle deine verborgenen Teile zu zeigen. Es geschieht ganz sanft. Du kannst deinem inneren Wesen vertrauen. Es wird dir keine Informationen präsentieren, bevor du nicht bereit bist, sie zu empfangen. Es wird also ein sanftes Aufrühren sein, ein sanftes Herauskommen, und du wirst wissen, wann du die Wahrheit geschrieben hast — sie wird in dir „klingeln", und du wirst sie hören und wissen, das *ist* die Wahrheit. Wenn du deine Schwächen herausgefunden hast, ist der nächste Schritt, die richtige Lösung für jede zu finden und dann auf neue Weise zu leben. Wie kannst du dich erneuern, so daß das alte Bild nicht mehr dem entspricht, was du dann bist? Hier ist wieder einmal die ganze Welt dein Spiegel. Dein Blick fällt vielleicht auf ein Buch, das dir genau die Informationen liefert, die du gerade gebrauchen kannst. Du sprichst mit jemandem, und er sagt dir etwas, was in dir Widerhall findet. Deine Intuition beginnt, dich durch Träume und Tagträume wach zu machen.

Der Augenblick, wo du den Ausweg finden möchtest, ist auch der Augenblick, wo du beginnst, ihn zu finden: suche wirklich! Suche jeden Tag und finde den Weg zu *deiner* Wahrheit und zu *deinem* Licht.

Im Moment deiner Erleuchtung ist der Mensch, vor dem du dich in tiefster Dankbarkeit verneigen wirst, jener, der es wagte, dir dein wahres Gesicht zu zeigen. Nicht angreifend oder irgendwie negativ, sondern auf eine Weise, die dir sagte, daß der Betreffende dich liebt und dich frei sehen will. Er ist bereit, dir wahrheitsgemäß zu schildern, wie er dich erlebt. Ich habe euch schon eingangs gesagt, daß die meisten von euch noch eine verborgene Wurzel in sich haben, die auf verschiedenen Dingen beruhen kann. Vielleicht ist es Hochmut, der aus Angst kommt; vielleicht ist es Sexualität, die darauf abzielt, andere zu benützen. Ihr müßt jedoch verstehen, daß eure dunkle Seite, was immer es sein mag, auf einem Verteidigungsmechanismus basiert, der in früheren Zeiten entstanden ist, wo er überlebensnotwendig war. Jetzt seid ihr dran, euren Mechanismus neu zu programmieren.

Nehmen wir zum Beispiel die Sexualität. Es gabt Zeiten in der Geschichte, wo es für euch alle absolut notwendig war, sexuell so zügellos zu sein, wie nur irgend möglich, weil das Überleben der Menschheit davon abhing, daß sich die Bevölkerung vermehrte. Ihr mußtet sogar persönliche Vorlieben beiseiteschieben, um jener Notwendigkeit zu genügen. In einem Teil eurer Psyche hallt also noch dieses Gebot nach, das besagt, diese Art von Verhalten sei das Beste für euch und euren Planeten. Wenn ihr euch hier einmal umschaut, müßt ihr wohl zugeben, daß dies nicht länger zutrifft. Aber die Programmierung funktioniert wie ehedem. Jetzt *könnt* ihr euch in der Welt sexuell verhalten, wie immer ihr wollt. Um aber herauszufinden, ob das auch angemessen ist, müßt ihr lauschen, was eure Welt euch zu sagen hat. Wenn deine Welt dir sagt, daß dein Verhalten Schmerzen zufügt oder unangemessen ist, wenn du das immer wieder hörst, meinst du nicht, du solltest es einmal genauer anschauen? Du sollst erkennen, ob du vielleicht aus einem Bereich deiner Psyche heraus handelst, der noch nicht so bewußt ist wie der Rest von dir. Und ihr alle habt Teile in euch, die noch ziemlich hinterher hinken.

Nehmen wir noch ein anderes Beispiel, das ihr so schön „Arbeitsmoral" nennt. „Arbeit" und „Moral" sind sehr begrenzte Wörter. Hört ihr, wie scharf sie klingen? Man kann schon am Klang eines Wortes erkennen, ob sie „erweiternd" sind! Klingt das Wort „Moral" sehr erweiternd? Die ganze Enge dieses Begriffs ist doch schon in dem Wort zu hören. Es hat noch immer einen ganz bestimmten Beigeschmack, denn es hat Zeiten gegeben, wo es lebensnotwendig war, daß ihr die Arbeitsmoral allem vorangestellt und persönliche Wünsche, Wohlbefinden, Familie und gefühlsmäßig nährende Dinge an die zweite Stelle gerückt habt. Ihr seid deshalb nicht schrecklich! Ihr verlaßt nur alte Muster, die jahrhundertelang eure Welt gefesselt haben. Ihr habt noch nicht überlegt und entschieden, welche dieser Muster noch nützlich sein könnten und welche nicht. Wenn also deine ganze Umwelt dich warnt, daß du zu viel arbeitest, dann tust du das möglicherweise aus eine überholten Muster heraus; frage dich also, ob es das wirklich wert ist. Fragt euch bei *jedem* dieser Muster, ob sie ihren Preis wirklich wert sind. Und schaut euch um und befragt euer Umfeld. Dann könnt ihr in euch gehen und für euch selber entscheiden.

Ihr wählt aus euren vertrauten Mustern heraus bestimmte Dinge. Vertraute Muster werden sich in den nächsten Jahren nicht mehr sehr gemütlich anfühlen. Es wird unbarmherzig auf sie eingeschlagen werden. Ihr habt schließlich darum gebeten, zu einer Zeit auf die Erde zu kommen, wo Wandlung möglich ist. Wandlung ist jetzt möglich — und sie wird nicht immer angenehm sein. Aber entweder bist du ein „Kämpfer" oder du bist es nicht. Du hast dir diese Zeit ausgesucht, um wieder herzukommen, also bist du irgendwie bereit, diese Muster in Angriff zu nehmen. Frage deine Umgebung und die Menschen um dich herum. Du lebst ja nicht in einem „geschlossenen" Universum. Alles spiegelt dir ständig die Wahrheit. Höre auf deine Kinder, wenn du dich traust! Kinder haben die Fähigkeit, unverblümt Wahrheiten zu sagen. Sie sagen euch die Wahrheit, aber *ihr* hofft, daß sie nicht stimmt. Aber keinesfalls solltet ihr alles Negative glauben, was euch gesagt wird. Achtet jedoch darauf, wenn euch *ständig* in der einen oder anderen Form *dasselbe* gesagt wird. Und wenn du wirklich ein „Kämpfer" sein willst, dann fang' an, aktiv nach deinem Schatten zu spüren. Damit meine ich, du beschließt: „Heute werde ich so offen sein, daß ich immer wieder die Botschaften über meinen Schatten höre, *weil ich's wissen will.*" So gehst du durch die Welt, nicht mit ängstlich eingezogenem Kopf, sondern mit offenen Armen, und sobald du selbst entscheidest, etwas über deinen Schatten hören zu wollen, dann ist es längst nicht so schmerzlich. Wenn du *beschließt,* etwas über dich zu hören, was dir nicht gefällt, tut es nicht halb so weh, als wenn du dich dagegen verteidigst. Versteht ihr den Unterschied? Es ist etwas ganz anderes, ob du kühn dastehst und bereit bist, zu hören, weil du selber heil werden möchtest, oder ob du die Zähne zusammenbeißt und es einfach einsteckst. Wenn du dich verteidigst, machst du zu, sodaß die Information kaum einsickern kann. Sobald irgendeine Botschaft über deinen

Schatten hereinkommt, willst du sofort davor weglaufen. Aber die Informationen werden kommen; es muß sein, weil du selbst sie rufst, um ganz zu werden.

Macht euch nichts vor, meine Freunde. Ein Teil eurer Umwelt könnte euch etwas Falsches sagen, aber nicht die ganze. Und jene unter euch, die wirklich bereit sind, alles über sich zu erfahren, werden jeden Tag etwas Neues lernen. Öffnet euch und lauscht, wenn ihr ganz werden wollt. Ihr wäret nicht auf Erden, wenn ihr nicht noch Überfälliges zu erledigen hättet. Erledigt es! Und ihr könnt es erledigen, indem ihr euch selbst vollständig kennenlernt. Das Wunderbare ist: wenn ihr eure Schwächen erst einmal wirklich kennt, nimmt der Prozeß selbst sich ihrer an. Ich habe euch gesagt, aus euch selbst heraus könnt ihr nichts. Und das meine ich buchstäblich so. Schaut ständig nach eurem Schatten und bittet die sichtbaren und die unsichtbaren Welten um Hilfe. Hier erweist sich das Gebet als wunderbare Erfindung; euer ständiges Gebet darum, eure Schatten zu klären und dabei genau zu verstehen, was ihr da tut. Wenn ihr euch der Möglichkeiten bewußt seid, eure Schatten klar zu sehen, dann kommt das ganze Universum herein und zeigt euch die Lösungen dazu. Bringt einfach immer weiter alle Schattenteile ans Licht, und nach und nach werden sie verschwinden. Nehmt diese Teile von euch immer und immer wieder zur Kenntnis und bekräftigt ausdauernd auch euer Verlangen, euch zu verändern und neu zu werden. In dem Moment, wo ihr den Ruf nach Veränderung ausschickt, kommt die Energie, und ihr könnt sie einfach in Empfang nehmen. Ihr werdet euch am ganzen Körper anders fühlen, weil ihr aufgehört habt, gegen euch selber zu kämpfen.

Bitte erkennt, daß ihr euch selbst bekämpft habt. Wenn

ihr vor eurem Schatten davonlauft, bedeutet das, daß ihr gegen euch seid. Wenn ihr bereit seid, euch anzuschauen, steht ihr *auf* eurer Seite. Es gibt niemanden, meine Freunde, der nicht absolut in der Lage ist, mit seinem Schatten aufzuräumen, und der Anfang dazu ist, eure unerledigten Schattenteile anzuerkennen und den Wunsch auszusenden, damit fertig zu werden. Auf diese Weise könnt ihr 51-prozentig harmlos werden. Versteht ihr, warum? Wenn ihr in Sorge um euren Schatten seid, dann ist das so, als ob ein Hund hinter euch steht, der euch anbellt, euch am Hemd zerrt oder in die Hosen beißt. Es ist schwierig, wirklich bewußt und mitfühlend mit der Welt zu sein, wenn ihr hinter euch dieses Ding stehen habt, das euch stört und um das ihr euch Sorgen macht. Aber wenn ihr euren Schatten vor euch hingestellt und bekundet habt, daß ihr ihn zu kennen wünscht, dann besteht die Möglichkeit, mit ihm zu kommunizieren, ihn zu integrieren und zu erlösen.

In diesen Momenten, wo ihr wirklich in euer Wesen eindringt und auf euren Schatten achtet, werdet ihr so menschlich, daß ihr die gesamte übrige Menschheit liebt. Ihr müßt erst menschlich zu euch selber sein, um die Menschheit zu lieben, sonst stellt ihr euch über sie, und von oben herab könnt ihr nicht lieben. Wie meint ihr, lieben die Erleuchteten? Die Wurzeln ihrer Kraft reichen in die tiefsten Tiefen des blauen Raumes unter diesem Planeten hinunter, und ihr Kopf fliegt mit den Sternen so hoch, daß eure Augen ihn nicht sehen können. Glaubt ihr, daß sie nur von oben herab lieben? Ihr Wesen ist so groß, daß sie diese gesamte Schöpfung in einer Hand halten. Sie lieben nicht von oben herab, von einem überlegenen Standpunkt aus, sie lieben aus ihrer Ganzheit heraus. Und *euer* Wesen ist *genau so* groß, ihr habt es nur vergessen. Ihr haltet euch für kleine

Menschen, die auf einem kleinen Planeten herumlaufen. Das ist nicht so. Auch *eure* Köpfe sind in den Sternen und eure Füße reichen tief in den blauen Raum hinunter. *So* groß seid ihr! Ihr braucht nicht errettet zu werden. Ihr seid selbst der Retter und der Gerettete. Ihr braucht nur aufzuwachen! Und „Aufwachen" heißt, alles hinter euch hervorzuholen, was ihr zu verstecken versucht habt, und es vor euch hinzustellen. Schlafwandler verstecken sich vor sich selbst. Der „Kämpfer" wacht auf und sagt: „Ich bin bereit. Ich will wissen, damit ich harmlos sein kann. Ich *will* harmlos sein, denn nur auf diese Weise kann ich mich kraftvoll auf diesem Planeten bewegen." Wenn ihr eins seid mit der Menschheit und euch nicht über sie gestellt habt, werden Tränen des Mitgefühls fließen und ihr werdet nur noch das Eine sehen können. *Es gibt nur das Eine.* Eure Körper haben dieses eine Licht genommen und in Millionen neuer Lichter zersplittert. Aber das Sonnenlicht, das durch ein Prisma fällt, verliert dadurch seine ursprüngliche Einheit nicht. Und das ist es, was ihr seid. Sofern ihr bereit seid, eure unerledigten Geschichten anzupacken, bricht alsbald euer Herz auf und ihr seht, daß ihr alle an demselben Problem leidet. Ihr habt Angst, weil ihr euch falsch identifiziert habt; weil ihr denkt, ihr seid nichts, als ein kleines Wesen, das sich in einer gefahrvollen Welt auf ein unbekanntes Ende zubewegt.

Wenn ihr die Einheit seht, wißt ihr, daß auch alles, was über das mit den Augen Sichtbare hinausgeht, ihr selbst seid und daß nichts davon euch verletzen kann. Und ihr wißt, daß ihr schon immer vollkommen sicher wart. Es hat, seit ihr zum erstenmal eure Füße auf diesen Planeten gesetzt habt, nicht einen einzigen Augenblick gegeben, wo ihr nicht vollkommen sicher wart. Wie könnte ein Wesen, das so groß ist wie ihr, sich vor seiner Kleinheit fürchten?

Es ist nicht möglich. Ihr habt nur vergessen, wer ihr wirklich seid. Wacht auf! Erinnert euch jeden Morgen und in jedem Augenblick des Tages, wann immer ihr könnt, daran, wer ihr seid. Erinnert euch an die Sterne eures Bewußtseins und an die Macht eurer Füße. Und in jedem Moment, wo ihr euch an diese unendliche Weite erinnert, bringt ihr sie ein bißchen mehr in euer bewußtes Denken, und allmählich werdet ihr sie so deutlich fühlen wie jetzt eure Begrenztheit. Aber ihr müßt euch daran erinnern, und *sie ist alles,* woran ihr euch erinnern müßt. Ihr könnt dieses große Bewußtseinswesen nicht erschaffen und braucht es auch nicht, denn es ist schon, was ihr seid. Ihr habt eure Begrenztheit so klein gemacht, wie es nur möglich ist. Und die Erinnerung kommt mit dem Aufwachen. *Es wird geschehen!* Wacht auf, wir brauchen euch.

Der Weg

Transformation ist kein Prozeß, sondern Bereitschaft

Aus dem Augenblick heraus leben

Das Herz öffnen

Meditation als Weg zu
innerer Bewußtheit

Die Botschaft des hl. Franziskus

Der Tröster

Aus dem Augenblick heraus leben

11. März 1979

Socorro, Neu Mexiko

Frage: Du hast gesagt: „Es hilft, einen Guru zu haben", und auch: „Gebt eure Macht nicht an andere ab". Das scheint sich zu widersprechen. Könntest du dazu etwas sagen?

Das ist eine triftige Frage, denn ich habe erklärt, daß ihr eine höhere Macht braucht, die euch hilft, aufzuwachen, und ich habe auch angeraten, daß ihr eure Macht niemals abgeben sollt. Wie soll man also diese beiden Aussagen unter einen Hut bringen? Laßt uns zunächst klarstellen, was wir unter „Macht" verstehen: Ich meine damit dieses innere Gefühl von Kraft und Erweiterung, das sich in der Welt als eine Handlung manifestiert, die sowohl ideal für den einzelnen ist als auch unschädlich für andere. Ihr müßt verstehen, daß so eine Frage sich niemals stellen wird, wenn ihr es mit einem wirklichen Guru oder Lehrer auf der irdischen Ebene zu tun habt, weil ein wahrer Meister nicht das geringste Bedürfnis hat, euch irgendetwas wegzunehmen. Er will vielmehr alles, was er ist, mit euch teilen. Der Guru hat kein Ego, das er euch geben könnte, und deshalb auch keine Egobedürfnisse, die ihr ihm befriedigen müßtet. Wenn ich sage, ihr sollt eure Macht nicht an andere abgeben, dann meine ich etwas ganz bestimmtes: Wenn ihr einen Lehrer oder Guru habt, der auf irgendeine Weise etwas von euch will, oder der fordert, daß ihr mit all euren kleinen Alltagsproblemen zu ihm kommt, dann würde ich euch dringend raten, diese Beziehung zu überprüfen. Sie gibt euch nur das Gefühl, schwach zu sein und nicht in der Lage, mit euren eigenen Schwierigkeiten fertigzuwerden; in Wirklichkeit ist jedoch das Gegenteil der Fall. Ihr seid *durchaus* fähig, mit euren Herausforderungen fertigzuwerden, und genau diese Illusion, daß ihr das *nicht* könnt, versuche ich zu durchbrechen. Jene unter euch, die in einer Beziehung zu einem Lehrer, Guru oder Meister stehen, müssen also genau hinschauen, denn ein Meister sollte eure alltäglichen Fragen wieder an euch zurückgeben. Die Grundfrage ist stets, *wie ihr erwachen könnt.* Alles andere ist nicht von bleibender Bedeutung.

Wenn ihr eurem Lehrer eine begrenzte Frage stellt, gebt ihr dem Problem, das ihr ihm da präsentiert, unnötig Wichtigkeit; und wenn er euch die Frage beantwortet, bestätigt er euch darin, daß solche Dinge doch wichtig sind. Das schwächt euch mehr, als es euch stärkt. Der wahre Lehrer möchte nur eure Illusionen abbauen und nicht die versackende Brücke eurer Unwirklichkeit stützen. Wenn ihr Antworten auf so begrenzte Fragen bekommt, vermehrt das euren Glauben an die Wichtigkeit solcher Fragen; ein wahrer Lehrer jedoch möchte euch für das aufwecken, was ihr in Wirklichkeit seid.

Wenn ihr euch der höchsten Bewußtheit hingebt, die ihr euch vorstellen könnt, dann gebt ihr damit eure Kraft nicht ab, denn eure Kraft verschmilzt mit der „anderen". In Wirklichkeit sind diese beiden scheinbar getrennten Kräfte schon immer eins gewesen. *Alle* göttlichen Kräfte sind sowieso eins, ohne daß irgendein „Akt der Hingabe" irgendwelcher Art stattfindet. Meine Aufgabe ist es, euch darauf aufmerksam zu machen, wie ihr diese Wahrheit *benutzen könnt.* So oft ich also von „Hingabe" spreche, ist das kein Abgeben von Kraft, sondern eine Vereinigung von Kräften. Ihr fühlt keine Schwäche, sondern einen unglaublich machtvollen Kraftstrom in euch! Das Zeichen dafür, daß ihr wirklich mit Göttlicher Energie in Berührung gekommen seid, ist, daß ihr euch auf einmal *unglaublich stark* fühlt! Ich meine damit nicht, daß ihr überheblich werdet, sondern ihr spürt tatsächlich eine Kraft, die durch euer Wesen strömt und euch erhebt, ein kühnes, mutiges, bleibendes Gefühl von *Richtigkeit. Das* ist das Zeichen der Verbindung mit der Göttlichen Quelle. Wenn ihr euch unbedeutend oder schwach fühlt, dann ist das, was ihr da tut, sicherlich keine „Hingabe". Habe ich das klar gemacht? Es *ist* ein wichtiger Punkt.

Sollte ein Guru oder Lehrer euch das Gefühl geben, schwach und hilflos zu sein, dann schaut euch noch einmal an, wozu ihr euch da verpflichtet habt. Es liegt in der Verantwortung des Schülers, die Beziehung zu analysieren, die er zu irgendeinem Lehrer hat — sei es auf der irdischen oder irgendeiner anderen Ebene. Der Schüler hat auch die Verantwortung, sorgfältig darüber zu wachen, wie diese Beziehung läuft. Führt sie zu einer totalen Abhängigkeit auch in den kleinsten Einzelheiten des Lebens, auch bei den winzigsten Schrittchen seines spirituellen Lebens, dann muß er meiner Meinung nach so eine Beziehung in Frage stellen. Wenn ihr hingegen ständig auf euch selbst zurückgeworfen werdet, eure eigenen inneren Stärken entwickelt und dabei entdeckt, was Bewußtheit wirklich sein kann, dann würde ich sagen, seid ihr im Schwingungsmuster eines wahren Lehrers. Erst wenn ihr lernt, euch selbst zu helfen, werdet ihr wissen, daß ihr wirklich das „Unwirkliche" fallen laßt und daß vieles in euch eine Neugeburt, eine neue

Öffnung und ein neues Erwachen erlebt.

Frage: Würdest du etwas über den Unterschied zwischen „unbeteiligtem Beobachten" und „Hingabe" sagen?

Letztlich werdet ihr, wenn ihr ans Ende jedes dieser beiden Wege kommt, sehen, daß sie zum selben Ziel geführt haben, und daß von Anfang an kein großer Unterschied zwischen ihnen bestand. Die Unterschiede liegen mehr in der Natur des Menschen, der versucht, in seinem Leben entweder unbeteiligter Beobachter zu bleiben oder sich hinzugeben. Die Menschen haben so ihre Grundstärken in den verschiedensten Bereichen; für den einen ist vielleicht das unbeteiligte Beobachten der wichtigste Faktor, während für den anderen Hingabe der Schlüssel ist. Ein Mensch, für den Liebe das Wichtigste ist, wird eher von Hingabe sprechen, weil man sich *an* etwas hingibt. Ihr werdet euch also stufenweise dem hingeben, was euch gerade am machtvollsten erscheint. Hierbei können die Gurus und verschiedenen Avatare von größter Hilfe für euch sein. Diejenigen von euch, die sich nicht zu irgendeiner Art personalisierter Göttlichkeit oder irgendeinem Guru hingezogen fühlen, können sich Gott hingeben. Aber vergeßt dabei nicht das Wichtigste, auf dem alle diese verschiedenen „Göttlichkeiten" aufbauen: *Es gibt nur das Eine,* und es ist möglich, das wirklich bewußt wahrzunehmen.

Der andere Weg ist der des unbeteiligten Beobachtens. Er paßt zu dem eher „intellektuellen" Menschentypus. In der Hingabe wird der Emotionalkörper benutzt, um zur Freiheit hinzustreben, beim unbeteiligten Beobachten der Mentalkörper. Manche Menschen interessieren sich mehr für ihre Gefühle und handeln gefühlsmäßig, während andere mehr aus dem Denken heraus handeln. Der unbeteiligte Beobachter paßt genauestens auf, wie Emotionen und Denken ihre verschiedenen Rollen ausagieren, so daß er am Ende sehen kann, daß *seine* Rolle auf der Erde *nicht* das ist, was er ist. Um zum unbeteiligten Beobachter zu werden, mußt du dich unter die Lupe nehmen — und zwar kritisch. Kritisch im Sinne von ehrlich und integer, mit jener Klarheit, die dir gestattet, genau zu registrieren, was du da in dir beobachtest. Lobe oder verdamme dich nicht allzusehr, sondern bleibe bei der simplen Wahrheit jeder Situation. Ihr werdet oft bemerken können, daß die Menschen um euch herum euch in vielen Situationen zeigen, wo ihr steht. Wenn ihr zunächst darauf achtet, was andere Menschen euch sagen, und dann eure Reaktionen studiert, erhaltet ihr deutliche Hinweise auf eure Gebiete von Ungleichgewicht. Ihr müßt euch darüber keine besonderen Sorgen machen — geht einfach in euch hinein, findet heraus, wo's hapert und macht euch ohne viel Aufhebens oder Grübelei daran, euch ins Gleichgewicht zu bringen. Ihr könnt in nur einem einzigen Tag kritischer Beobachtung herausfinden, wie das funktioniert! Es ist überhaupt nicht geheimnisvoll. *Seid aufmerksam* und *setzt dann um,* was ihr erfahren habt. Wenn du merkst, daß du zu sehr aus dem Intellekt handelst, entscheide dich bewußt, jetzt den Intellekt beiseitezulassen und etwas anderes auszuprobieren. Geh' in dich hinein und *erspüre* das Problem. Wenn du jemand bist, der immer emotional reagiert, dann stelle dieses Reaktionsmuster abseits und benutze deinen *Verstand,* um mit dem Problem fertigzuwerden. Auf dem Weg des unbeteiligten Beobachters mußt du als ständigen Begleiter auch die Gewißheit haben, daß *Liebe* absolut lebenswichtig ist. Und falls du beschlossen hast, daß Hingabe dein Weg sein soll, dann mußt du die *Vernunft* als Begleiter bei dir haben. Diese beiden *müssen* zusammenkommen, damit Gleichgewicht herrscht. Und in der Balance und der Harmonie immerwährenden Strebens findest du ein erkennbares Muster langsamer, stetiger Entfaltung.

Frage: Warum ist Balance anscheinend so wichtig?

Die meisten Menschen befinden sich in ihrem Inkarnationsmuster, um Energien ins Gleichgewicht zu bringen, weil unausgewogene Energien euch ständig plagen würden. Emotionales, mentales oder körperliches Ungleichgewicht bringt euch in Verwirrung und vernebelt auch die einfachsten Angelegenheiten. Manche Menschen haben vielleicht sehr viel Liebe in sich, aber sie geraten viel zu schnell in Verzweiflung oder regen sich leicht auf. Ihnen würde es helfen, ihre logischen Fähigkeiten, die aus dem Intellekt kommen, zu benutzen, um diese Energien zu „beruhigen“. Und andererseits gibt es viele Intellektuelle, die so supergescheit sind, daß ihnen ihre intuitiven Fähigkeiten nicht mehr zugänglich sind, und die jetzt mit ihrer emotionalen Seite in Berührung kommen müssen, damit wieder Gleichgewicht hergestellt wird.

Ernstlich nach der Freiheit zu streben ist leichter, wenn euch nicht schwere Gleichgewichtsmängel im Wege stehen. Wenn du fast immer nur emotional oder nur intellektuell reagierst, dann heißt das, daß du nicht im Gleichgewicht bist. Heutzutage werdet ihr dazu beinahe ermuntert, weil die Meinung vorherrscht, daß der Mann mehr intellektuelle Fähigkeiten habe und die Frau mehr emotionale. Diese Glaubensstruktur hält euch davon ab, euch fließend zwischen beiden Bereichen hin und her zu bewegen. Ein Mensch, der im Gleichgewicht ist, hat beide Fähigkeiten gegebenenfalls sofort verfügbar; er kann mit tiefem und verstehendem Herzen lieben und sich gleichzeitig von zuviel Emotion oder zuviel Intellekt distanzieren.

Frage: Wie kann man unbeteiligtes Beobachten üben?

Nehmen wir wieder ein Beispiel. Eine Situation, die auf der Erde heute sehr häufig vorkommt, nämlich, daß du mitten im Hauptverkehr im Auto fährst. Du hast den ganzen Tag gearbeitet und bist auf dem Weg nach Hause, umgeben von vielen anderen Autos. Du bist sehr müde und weißt, daß es lange dauern wird, bevor du heimkommst, weil der Verkehr so dicht ist. Vor dir fängt einer an, „komisch" zu fahren (das heißt, irgendwie anders, als du es für richtig hälst). Jetzt hast du Gelegenheit, „unbeteiligtes Beobachten" zu üben! Zuallererst wirst du spüren, wie Ärger in dir aufwallt. In deinem Körper kannst du deutlich diese Bewegung von Ärger fühlen. Zu Beginn deines Lernprozesses wirst du kaum in der Lage sein, diese erste Wutaufwallung zu stoppen — und das ist in Ordnung. Jedoch ist es sehr wichtig, was du alsdann tust! In dem Augenblick, wo du ihn spürst, sage dir: „Das ist *Ärger*!" *Benenne* das Gefühl: „Das ist *Ärger*!" Was du dir klarmachen willst, ist ja, daß da plötzlich Ärger ist und daß *jemand* sich in einem *Zustand* von Ärger befindet. Sage nicht: „Ich bin wütend!", denn das würde dich eins damit machen, sondern: „Das ist Ärger!"; das macht bereits zwei aus euch. Dein nächster Schritt ist nun, zu *wählen.* Und du wirst bald entdecken, daß du deine Reaktion wählen *kannst.* Das sollte dir einen Weg zum „unbeteiligten Beobachten" weisen.

Wenn deine Reaktionen eine Macht wären, über die du *keine* Kontrolle hast, dann könntest du darüber nicht entscheiden. Sie würden dich beherrschen, und schließlich wärst du nur noch irgendein Behältnis für welche Emotion auch immer gerade durch dich fließen möchte. Aber du wirst herausfinden, daß du und die Emotionen *nicht* eins sind, und in diesem Stadium kannst du wählen. Willst du ewig das gleiche „Band" von Ärger und Wut abspielen? Du weißt, wie das geht: du versuchst, das andere Auto hinauszudrängen, hupst, gibst obszöne Handzeichen, schimpfst, schreist — all das gehört dazu! Du versuchst dabei nur, „recht zu behalten", manchmal sogar, indem du dich dann selbst oder dein Auto verletzt, um dir Genugtuung zu verschaffen. Vielleicht wirst du aber erkennen, daß es eigentlich egal ist, ob du wütend auf den anderen wirst — denn „Wut" ist's nicht, um die es da geht. Wenn du frei sein willst, mußt du wieder einmal erkennen, daß deine Macht in deiner Entscheidung liegt. Und *in diesem Augenblick* wirst du dich für eine andere Reaktion entscheiden.

Nimm wahr, daß eine Energie in dir aufsteigt, *erkenne* diese Energie und *benenne* dann das Gefühl. Mit dem Benennen befreist du dich oft schon davon, weil du es bereits einen Schritt von dir weggestellt hast. Dann mußt du deine Reaktion ändern *wollen. Und schon kannst du es!* Du sagst einfach: „Ich wähle *jetzt* etwas anderes." Alsdann: wähle! Zum unbeteiligten Beobachter zu werden ist nicht schwer. Was hingegen schwer *ist,* meine Freunde, ist der Entschluß, unbeteiligter Beobachter sein zu *wollen.* Wenn ihr ganz ehrlich seid, wollt ihr nämlich eigentlich lieber „zurückschlagen", wenn ihr euch „angegriffen" fühlt! Ihr *wollt* grollende Gedanken hegen und euch ausmalen, wie ihr alles „zurückzahlen werdet", was euch eurer Meinung nach angetan wurde. Da niemand da ist, der euch daran hindern könnte, greift also getrost an. Ihr werdet dabei freilich lernen, daß ihr letztendlich nur *euch selbst* verletzt und daß dies eine überaus langweilige Lebensweise ist. Ihr werdet herausfinden, daß ihr euch sehr viel besser und lebendiger fühlt, sobald ihr kreativ mit euren Konflikten umgeht, statt immer wieder wütend zu werden und heimzuzahlen. Ihr *seid* wirklich Gottes Mitschöpfer, und könnt euch deshalb geradesogut daranmachen, auf ewige, erhebende und freudige Weise mitzuschöpfen, und endlich diese begrenzende, feindliche Weise zu vergessen, die anderen gegenüber so negativ ist.

Sei also mit deiner Aufmerksamkeit ganz in dir selbst. Ruhe in dem, was in diesem Augenblick geschieht. Wenn du Auto fährst, nimm deine Hand auf dem Steuer wahr, deinen Fuß auf dem Pedal, den Wind, der deinen Kopf umspielt, den Geruch der Luft. Sei mit all diesen Dingen in Verbindung, so daß du *anwesend bist,* wenn Wut und Groll aufsteigen. Du mußt dann nicht erst von irgendeinem fiktiven Gespräch zurückkommen, das du gerne mit deinem Chef geführt hättest. Im Augenblick kannst du die Gefühle spüren und erkennen und hast so die Möglichkeit, etwas zu verändern und dich von den alten Reaktionen zu erlösen. Bist du mit deiner Aufmerksamkeit nicht in der Gegenwart, wird es schwieriger, weil das Gefühl und deine Reaktion darauf so rasch über dich kommen, daß du blindings auf die gleiche alte Weise reagierst, die du gewohnt bist. Alle diese Dinge passieren schnell! Deshalb kannst du in einem Augenblick befreit oder gefangen sein! Um dir Gelegenheit zu geben, frei zu sein, mußt du deshalb in jedem Augenblick genau *dort sein, wo du bist.*

Frage: Würdest du uns sagen, wie man davon frei werden kann, sich an andere Dinge gebunden zu fühlen, zum Beispiel an materielle Dinge oder an Wünsche?

Das ist eine sehr gute Frage. Ich glaube, ihr müßt mit den Dingen anfangen, die am auffälligsten sind und mit denen ihr am leichtesten in Berührung kommen könnt. Wenn ihr etwas herausgefunden habt, dann fragt euch, *warum* ihr das loslassen möchtet. Ihr müßt unbedingt glauben, daß es *wichtig* und *gut* für euch ist, euch von allen Wünschen irgendwelcher Art zu befreien. Solange ihr der Meinung seid, daß es wichtig ist, an eine Person, einen Gegenstand oder eine Angelegenheit gebunden zu sein, werdet ihr euch nicht davon befreien wollen. Ihr könnt nicht gegen euch selber ankämpfen. Ihr könnt euch nicht von etwas lösen, an das ihr noch gebunden sein *wollt.* Deshalb stellt euch als erstes der Tatsache, daß ihr euch „gebunden" fühlt. Nehmt eine starke Abhängigkeit. Es kann euer Partner oder eure Partnerin sein, Geld, Macht, Sex, Alkohol oder Drogen — viele Dinge. Schreibt auf, was ihr von dieser Abhängigkeit habt. Was fürchtet ihr, wird geschehen, wenn euch diese Bindung genommen wird?

Nehmen wir beispielsweise eine Beziehung. Die Leute leben dauernd in der Illusion, daß es irgendwie positiv sei, sehr an einen Menschen gebunden zu sein. Das hängt aber davon ab, *wie* ihr einander verbunden seid. Wenn ihr durch Liebe verbunden seid, mag das hingeben; durch Angst verbunden zu sein ist jedoch etwas ganz anderes. Viele eurer Beziehungen beruhen auf Angst, auf Verlustangst. Frage dich, was wäre, wenn dein Partner oder deine Partnerin aus deinem Leben hinausginge. Betrachte die Frage unter jedem Blickwinkel, und du wirst sehen, was diese Beziehung für dich bedeutet. Vielleicht meinst du, daß du ohne diesen Partner nicht liebenswert bist? Daß du nie mehr einen anderen Menschen finden wirst, der dich liebt — daß du ganz allein sein wirst? Menschen, die eine besonders starke

Bindung an jemanden haben, und diesen Menschen dann verlieren, werden oft von einem Gefühl überwältigt, nicht länger liebenswert zu sein. Sie haben ihr Selbstwertgefühl in die Hände eines anderen gelegt. Das ist nicht nur dumm, sondern auch äußerst unrealistisch. Wenn du erkennst, daß du dich von deiner Beziehung abhängig fühlst, solltest du auch sehen, daß du dich in etwas verstrickt hast, was dich begrenzt. Du wirst diese Bindung dann nicht länger als „positiven", sondern als „negativen" Aspekt deines Lebens sehen und kannst deine ganze Wunschkraft darauf richten, davon frei zu sein. Befreie dich wirklich von der Abhängigkeit und baue lieber grenzenlose Liebe auf. Das ist weitaus befriedigender! Behalte die Beziehung, aber hör' auf, sie *besitzen* zu wollen.

Laßt uns jetzt von Menschen sprechen, die an materiellen Dingen hängen — an ihrem Auto vielleicht. Ihr denkt möglicherweise, diese Art von Bindung könne kein wirkliches Problem darstellen; aber das kommt darauf an. Es hängt davon ab, was dieses Auto oder sonst ein Gegenstand euch bedeutet. Bei sehr materialistischen Menschen hängt oft das Selbstwertgefühl von ihren Besitztümern ab. Das Auto ist der Maßstab für ihren Wert. Es ist im Grunde gleichgültig, ob ihr an einem Auto hängt oder an einem Menschen. Wenn ihr an etwas hängt, was außerhalb von euch ist, werdet ihr euch ohne das Betreffende immer geringer fühlen. Wenn ihr jetzt eure Abhängigkeiten seht, laßt ihr sicherlich eure Liebesbeziehungen nicht einfach stehen oder ihr verkauft nicht all euren Besitz. Ihr erkennt jedoch, daß hinter einer Abhängigkeit ein Gefühl von Leere, von Getrenntheit steht. Und wenn ihr versucht seid, diese Leere damit zu füllen, daß ihr euch an etwas oder an jemanden bindet, ist das keine gesunde, keine befreiende

Lebensweise. Mit dieser Erkenntnis beginnt euer Befreiungsprozeß. Wenn ihr erkennt, wie wertvoll es ist, eure Abhängigkeiten loszulassen, habt ihr den ersten Schritt getan.

Nun lebt ihr in Einklang mit eurem tiefsten und wahrsten Wunsch, nämlich dem Wunsch, frei zu sein. Ihr baut vielleicht weiter die Illusion der Getrenntheit, wie Kinder, die am Strand ihre Sandburgen bauen. Das kann Spaß machen, aber ihr dürft es nicht zu ernst nehmen. Auf diese gelockerte Weise solltet ihr Abhängigkeiten betrachten: daß sie Spaß machen, auch nützlich sein können, aber daß ihr sie nicht so ernst nehmen *müßt*. Nehmt eure Romanzen nicht so wichtig, daß alles andere daneben verblaßt. Auch eure materialistische Sicht sollte nicht so verbohrt sein, daß ihr nicht mehr einsehen könnt, daß es ebenso in Ordnung wäre, etwas von eurem Besitz zu verlieren. Alle diese Dinge fließen ganz natürlich in euer Leben herein und strömen auch wieder hinaus, und ihr erlaubt euch, mit Freude und Interesse an ihnen teilzuhaben. Wenn ihr einmal gesehen habt, wie notwendig es ist, unabhängig zu sein, habt ihr euren Willen mit dem Göttlichen Willen vereint, und euer Prozeß wird wesentlich leichter.

Der nächste Schritt ist, *bewußt* zu werden. Die bewußte Wahrnehmung ist euer wichtigstes Werkzeug, um euch daran zu erinnern, wer ihr seid. Durch unbeteiligtes Beobachten könnt ihr euch genauer erinnern und durch Hingabe auch. Beides sind Wege, besser aufzumerken, und euch so allmählich von der Illusion all dessen zu befreien, was ihr nicht seid. Solange du denkst, daß Dinge besitzenswert sind, daß es sich lohnt, eine weitere Beziehung aufzubauen und deine tiefinnerste Energie darauf zu verwenden, *wirst du nie unabhängig werden!* Du wirst manifestieren, was du dir am meisten wünschst; doch, bevor du nicht mit diesem tiefen Verlangen nach Freiheit in Berührung kommst, wirst du immer weiter deinen Ego-Projektionen folgen, die auf der Idee der Getrenntheit basieren. Zu behaupten, die eine Beziehung sei dir wichtiger als eine andere, verleugnet wiederum die Tatsache, das *alles* Eins ist. Dein Ego erschafft „besondere" Beziehungen, um dich davon zu überzeugen, daß du in der Tat getrennt und deshalb etwas ganz besonderes bist. Tatsache ist jedoch, *daß ihr alle gleich seid.* Ihr seid es immer gewesen und ihr werdet es immer sein; alle, vom scheinbar erhabensten bis zum scheinbar verkommensten Menschen. *Ihr seid alle gleich!* Und all diese törichten kleinen Unterschiede sind bloße Illusionen, die ihr ehern festhaltet, um euch gefangen zu halten. Verschwendet doch, bitte, keinen Gedanken mehr darauf; sie sind von keinerlei Bedeutung. Laßt sie ins Nichts zurückkehren, aus dem sie aufgestiegen sind, und vertraut darauf, daß ALLES in diesem Augenblick im Einklang ist — und *nur in diesem Augenblick* könnt ihr mit diesem All-Einssein in Berührung kommen!

Frage: Das Ausschalten der Wünsche scheint hauptsächlich daraus zu bestehen, auf unsere Wünsche zu achten, aufmerksam zu sein. Üben wir damit unbeteiligtes Beobachten und Hingabe?

Darin liegt tatsächlich die Antwort, denn wie du weißt, kannst du nur im Augenblick aufmerksam sein. Es ist so einfach! Wenn du im Augenblick lebst, *bist du da,* und alles andere ist nicht da. Getrenntheit kann im Augenblick, kann hier und jetzt nicht existieren! Es gibt nur dich und das, was dich umgibt und in dir ist, und wenn du aufmerkst, wird dir ganz klar, was das ist. Letztendlich ist also *Aufmerksamkeit* der Schlüssel. Was hat nun Hingabe mit Aufmerksamkeit zu tun? *Wem* oder *was* gibst du dich hin? Du gibst dich dem Einen Gott in diesem Augenblick hin. Es ist nicht so, daß man sich *einmal* hingibt und das Ganze dann vergißt. Hingabe ist jene *Seins*qualität, die in jedem Augenblick auf das Ganze eingestimmt ist. Und um auf dieses Ganze eingestimmt zu sein, mußt du dort sein, wo das Ganze ist! *Hier!* Denn so etwas wie „Zukunft" oder „Vergangenheit" gibt's nicht — es existiert nur das *Jetzt!* Und du mußt hier sein, um daran teilhaben zu können.

Wann immer Menschen andere beherrschen oder Ereignisse oder sogar ihre eigenen Gefühle steuern wollen, müssen sie sich auf vergangene Ereignisse oder zukünftige Wünsche stützen. Versucht nicht, zu lenken! *Laßt zu!* Und mit dem Zulassen kommen Frieden, Wissen und Freiheit des Augenblicks; denn nur das, was du in diesem Augenblick vor dir hast, kannst du wirklich kennen. Es ist Geborenwerden und Sterben und alles, was dazwischen liegt. ALLES, alles ist einfach nur dieser Augenblick, der immer weitergeht, und etwas anderes gibt es nicht!

Das Herz öffnen

11. November 1980

Socorro, Neu Mexiko

Bartholomäus' Segen für die Neuvermählten Stephen und Katherine:

Ihr habt, so wie andere auch, das Verlangen gespürt, mehr zu lieben, aber ihr erkennt auch die Begrenzungen des Augenblicks. Ihr wünscht, eure Liebe auszudehnen und Beziehungen zu einem guten Gefährt für euch selbst, füreinander und für das Göttliche zu machen. Und deshalb möchte ich euch heute abend zu Ehren eurer Hochzeit eines sagen: Was immer ihr auch für Normen auf der physischen Ebene haben mögt, in den Augen des Göttlichen gibt es nur einen Maßstab, den ihr füreinander in eurem Bewußtsein halten sollt. Wollt ihr beide, wenn ihr einander anschaut, mit der Kraft des goldenen Lichtes sehen? Wollt ihr immer dran denken, egal, was zwischen euch geschieht, daß das Licht gegenwärtig ist und daß es dazu da ist, daß ihr beide es in immer zunehmender Ausdehung miteinander teilt? Solltet ihr je daran zweifeln, dann erinnert euch bitte an folgendes: Wenn ihr wählt, zu lieben, dann liebt ihr mit diesem Licht und nicht mit eurem begrenzten Bewußtsein. Ihr liebt *immer* mit diesem Licht, und ich gebe euch mein Versprechen, daß es in jedem von euch vorhanden ist. Ich bitte euch, diese Gewißheit im Bewußtsein zu behalten; denn wenn du Katherine, das Licht in Stephen siehst, und du, Stephen, in Katherine, dann versteht ihr, wer ihr seid, wer der andere ist, und was letztlich alles Geschaffene ist. Behaltet diesen einen Maßstab in euren Herzen und ihr könnt nicht fehlgehen. Ihr könnt oftmals und aus manchem Grunde stolpern, aber fehlgehen könnt ihr nicht; denn ihr habt versprochen, immer einen weiteren Versuch zu wagen. In der Liebe gibt es kein Versagen, nur die Erkenntnis des Wunsches, es aufs neue zu versuchen — und noch einmal und noch einmal.

Nach diesem Anfang wollen wir unser Thema auf eine meiner Meinung nach ungeheuer bedeutsame Frage ausdehnen. Wie könnt ihr mit eurem Wunsch, mehr zu lieben, doch angesichts der Beschränktheit eures Verständnisses von der Liebe, euer Ziel erreichen?

Eins der Probleme bei der spirituellen Suche ist, daß sie so intellektuell werden kann, daß jene einzige Qualität, die euch am meisten dabei helfen könnte, verloren geht. Diese Qualität ist die Fähigkeit, zu lieben. Viele kommen zu mir und sagen, sie wollten so gerne lieben, aber sie wüßten nicht, wie; also will ich jetzt über ein paar Dinge mit euch sprechen, die ich bei der Menschenrasse beobachtet habe. In dieser Zeit, wo der „Kopf", wo Vorstellungen und Ideen vorherrschen, vergißt der Mensch etwas sehr Simples: Ihr vergeßt, daß *die Grundqualität des menschlichen Bewußtseins Liebe ist.* Eure Schatten, die so unentwegt auf der Oberfläche dieser Liebe tanzen, sind *wirklich* nicht mehr als Schatten; aber da ihr sie für Realität haltet, nimmt das Spiel euch so gefangen, daß ihr die Liebe nicht wahrnehmt. So meint der Mensch, er wisse nicht, wie er lieben soll. Ihr *wißt*, wie man liebt; doch wenn ihr glauben wollt, es nicht zu wissen, muß man es euch wieder lehren. Dies ist das Zeitalter, wo alles „gelernt" werden muß. Und jetzt müßt ihr auch noch lieben lernen? Unsinn! Wer sollte euch lehren? Sagen wir, ihr habt jemanden gefunden, von dem ihr meint, er sei „zuständig“ und nun bittet ihr ihn, euch zu erklären, wie er es geschafft hat. Freunde, ein wirklich liebender Mensch bezeichnet sich wohl nicht so — und wird euch deshalb kaum Erklärungen oder Anweisungen geben können. Ihr könnt deshalb nicht einfach zu einem Liebenden gehen, und euch unterrichten lassen, wie man liebt; bestimmt würde er euch sagen, daß er keine Ahnung habe. Jedoch, wenn ihr zu jemandem geht, der *nicht* liebt, dann werdet ihr ohne weiteres ein „Rezept“ erhalten. Er wird euch bereitwillig „Anweisungen“ geben, die ihr unbedingt befolgen sollt. Es werden natürlich viele Bücher dazu benötigt und eine Menge „Techniken“, doch wenn ihr fertig seid und Geld dafür bezahlt habt, besteht noch immer die Frage: Seid ihr dem Liebenlernen dadurch irgendwie näher gekommen?

Niemand muß lieben lernen. Was dazu nötig ist, ist etwas viel Leichteres, nämlich eure Ängste loszulassen. Sobald eure Ängste weg sind, ist die Liebe da. Liebe und Angst können nicht zusammen existieren. Ihr könnt Liebe nicht irgendwie zusammenrühren und dann auftischen. Liebe ist ein „Rohstoff“, den ihr in euch vorfindet. Aber die Angst nimmt euch eure natürlichen Gefühle und drückt sie zusammen; und wenn sie lange und fest genug zusammengedrückt wurden, geratet ihr in einen Zustand, wo schon der bloße Gedanke, Liebe zu geben, euch körperliche Beklemmungen verursacht — im Hals, in der Brust oder im Magen. Wie gerne möchtet ihr etwas Liebevolles sagen, aber ihr werdet ganz steif. Das ist Angst. Es liegt nicht etwa daran, daß ihr von Grund auf lieblos wärt. O nein! Ich habe noch *nie* jemanden gesehen, der *nicht* liebevoll gewesen wäre, genauso wie ich noch niemand gesehen habe, der *nicht* mutig ist. Da steckt aber eine Angst, daß der andere euch zurückweisen wird, wenn ihr Liebe gebt. Wie kommt es zu dieser Angst? Ihr braucht nur die Kinder anzuschauen. Eure Welt ist nicht für Kinder gemacht; es ist eine Welt, in der aufwachsende Kinder es sehr schwer haben. Doch hat es eine Zeit gegeben, wo es viel leichter war, spontan liebevoll zu sein, weil es darin Zeit für die Liebe gab. Jetzt hat man sehr viel Zeit für Sex, aber kaum Zeit für Liebe. Und Liebe braucht Zeit. Man muß frühzeitig damit anfangen; und wenn ihr alle so beschäftigt seid, daß ihr den Jüngsten keine Liebe geben könnt, dann wachsen sie eben lieblos auf und finden später selbst keine Zeit für die Liebe.

Was man tun kann? Ihr seid erwachsen und könnt eure Kindheit nicht wiederholen. Bitte, denkt daran, ihr, die ihr euch liebesunfähig fühlt, daß niemand jetzt oder jemals *unfähig* war, zu lieben. Es gibt zwar Menschen, die Angst haben, zu lieben, aber nicht einen, der keine Liebe hat. Ihr seid nicht nur fähig, zu lieben, sondern ihr seid sogar zu immenser Liebe fähig. Es gibt nichts Wunderbareres als Lieben! Aber zuerst müßt ihr euch selbst anders sehen. Betrachtet euch nicht als irgendeinen kleinen Wurm, der sich vergebens nach Liebe abstrampelt, sondern als voll erblühtes, wunderbar offenes Wesen, das von ewiger Liebe erfüllt ist. Ihr spürt oder wißt das jetzt vielleicht nicht bewußt, deshalb werden wir uns gemeinsam eine Technik ausdenken, um es euch zu beweisen.

Wenn ihr meditiert (diejenigen von euch, die meditieren), dann ist es, glaube ich, besonders wichtig, daß ihr euch auf jenes Zentrum konzentriert, das ihr „Herzzentrum" nennt (in der Herzgegend). Macht nicht den Fehler, zu bezweifeln, daß auch bei euch Energie in dieses Zentrum fließt, sondern seid einfach bereit, die Realität dessen zu erfahren, was sich dort bewegt. Je stiller ihr in eurer Meditation werdet, desto mehr werdet ihr im Herzzentrum spüren können, und wenn ihr darauf achtet, werdet ihr allmählich ein klein wenig Wärme fühlen. Ihr spürt die Bewegung in diesem Zentrum als Wärme. Und wenn diese Energie euch ein wenig zu wärmen beginnt, dann wißt ihr, daß das Herzzentrum in euer Bewußtsein kommt.

Was tun wir aber mit denen, die nicht meditieren? Für sie ist es ein bißchen schwieriger. Ihr müßt einfach anfangen und erkennen, daß ihr ein liebender Mensch *seid.* Die meisten Leute glauben, jemanden zu lieben hieße, netter zu ihm zu sein, oder charmanter oder freundlicher oder sonstwas. Dieser Irrtum macht euch sehr verletzlich; denn alle diese „Liebes-Rezepturen" sind äußerlich, und wenn ihr euch auf äußerliche Dinge verlaßt, damit andere Leute euch lieben, werdet ihr's nicht schaffen. Natürlich könnt ihr damit anfangen, liebenswürdiger zu sein. Ich empfehle das sehr. Es ist für andere keineswegs leicht, jemanden zu lieben, der unfreundlich oder rücksichtslos ist, der ständig häßliche Dinge sagt und ein echtes Problem ist! Fangt also getrost zu glauben an, daß ihr *ein liebevoller Mensch seid.* Oft sitzen Leute vor mir und erzählen mir immer und immer wieder, daß sie eben leider nicht liebevoll seien — und jedesmal, wenn sie das sagen, rücken sie auch ein Stückchen weiter vom Lieben ab. Ihr beginnt zu lieben, wenn ihr euch eures Herzzentrums bewußt seid und erkennt, daß *dies* der Punkt ist, aus dem Liebesenergie fließt. Sie fließt weder aus dem Kopf noch aus der großen Zehe, sondern aus dem Herzen. Laßt eure Aufmerksamkeit mehr und mehr *dort* ruhen, anstatt im Kopf mit all seinen Sorgen, Wichtigkeiten und Phantasien. Es ist nicht schwer. Wir sprechen von einer strömenden Energie, die Liebe ist —

sprühende, wunderbare Liebe.

Aber bitte, verlangt nun nicht, Liebe für eine bestimmte Person zu erzeugen, es sei denn, diese Person seid ihr selbst. Beschließt nun nicht, nunmehr „X.Y. zu lieben". Das würde nicht funktionieren, dann dadurch erschafft ihr erneut Trennung: ihr trennt euch von X.Y.. Dann müßt ihr mit X.Y. etwas *tun.* Vielleicht will X.Y. eure Liebe nicht? Vielleicht wäre es X.Y. genauso recht, wenn ihr A.B. lieben würdet? Seid deshalb nicht wählerisch, sondern seid einfach offen für die Liebe. Bringt diese Energie in Bewegung, und wenn die Liebesenergie ins Fließen kommt, geschieht etwas Wunderbares. *Ihr beginnt, euch selbst zu lieben!* Na, Freunde, wie schrecklich, ihr fangt an, euch selbst zu lieben! Die Brust weitet sich ein wenig, ihr geht ein bißchen beschwingter, ihr fühlt euch ein bißchen lebendiger. Wenn andere Leute Dinge zu euch sagen, die unangenehm sind, macht es irgendwie nicht soviel aus, weil ihr jetzt begonnen habt, die Kraft dieser Energie in euch selbst zu speichern. Denkt nicht weiter darüber nach, wo sie hinfließt, kümmert euch nur darum, sie zu erzeugen. Wohin sie fließt, ist ihre Sache. Wenn mir jemand sagt, daß er zwar andere liebt, aber nicht sich selber, dann kann ich ihm nicht glauben. Ihr könnt nicht „da draußen" lieben, wenn ihr „hier drinnen" keine Liebe habt. Und was *ist* denn eigentlich Liebe?

Eine äußerst wichtige Frage. Es gibt eine sogenante „Liebe", die eine Emotion ist, die kommt und geht. Fühlt ihr euch gut, dann liebt ihr; seid ihr gerade mürrisch, dann liebt ihr nicht. Das ist *nicht* die Art Liebe, von der ich spreche. Ich beziehe mich auf ein wahrnehmbares Energiefeld innerhalb der Ganzheit. Es ist leuchtend rosa und bewegt sich und fließt und funkelt. Es durchströmt euch und fühlt sich wunderbar an. Und in seinem Dahinfließen wählt es das, was „Herzzentrum" oder „Herzchakra" genannt wird, um hinauszuströmen, wohin immer es will. Tatsächlich ist Liebe nicht etwas, was ihr im Kopf herumwälzt, was ihr mit eurem Emotionalkörper bewegt oder an- und ausknipsen könnt. Liebe bedeutet Energiewellen, die durch euch und in euch strömen und ausstrahlen und alles verändern. Euer körperlicher „Rahmen" enthält alle Farben des Spektrums. Jedes Chakra strahlt eine andere Farbe aus, ebenso wie ein Prisma die Farben des Spektrums erschafft und ausstrahlt. Und jede Farbe enthält ganz bestimmte Qualitäten. Der Mensch „lodert" in all diesen Farben, keine ist bevorzugt und alle sind sie in Bewegung — dynamisch, lebendig und pulsierend.

Heute abend reden wir von Liebe, weil es auf eine „Saison" der Liebe zugeht. Weihnachten endet zwar meistens mit Traurigkeit, weil ihr wieder gehofft hattet, jene Liebe, die Christus verkörpert, würde an diesem Tag endlich für immer in euch lebendig werden. Aber dann geht der Tag vorbei, und die Geschenke haben es nicht geschafft, und der Truthahn hat es nicht geschafft, und die Freunde auch nicht, weil die Energie nicht richtig erkannt worden ist. Es braucht nicht wieder so zu enden. Jetzt könnt ihr die Liebesenergie schon erkennen, wenn ihr den Tag beginnt. Aber es bedarf dazu einer bewußten Bemühung. Ihr müßt beschließen! Wollt ihr euch auf Liebe konzentrieren oder wollt ihr darüber nachgrübeln, wie lieblos oder liebensunwert ihr seid? Es ist ziemlich bedeutungslos, was für ein Mensch ihr zu sein meint. Jeder kann jederzeit beginnen, diese Energie zu spüren, mit ihr zu arbeiten, damit zu fließen und sich zu verändern.

Ich wäre hocherfreut, würdet ihr euch zu einem Experiment entschließen: Kommt zur Ruhe und konzentriert euch ganz intensiv auf die Farbe Rosa. Seht, wie sie dynamisch euer Herzzentrum ausfüllt und bleibt mit eurer Aufmerksamkeit bei diesem wohligen Glühen. Spürt es beim Gehen, beim Sitzen, beim Sprechen... *spürt* es einfach, kuschelt euch hinein. Fühlt euch wunderbar damit. Und plötzlich werdet ihr „lebendig" werden. Ich meine das wörtlich: ihr werdet *lebendig*, ihr fangt an, vor Wohlbehagen zu sprühen! Dann macht ihr euch womöglich Sorgen, weil ihr keine Sorgen habt. Ihr steht am Morgen auf und seid glücklich. Jemand kommt mit einem Problem und ihr sagt ihm, es wird schon in Ordnung kommen. Man wird euch beschuldigen, das Problem nicht zu verstehen, aber ihr versteht es. Die Macht der Liebe weiß, daß *alles* wundervoll und annehmbar gemacht werden kann. Das heißt nicht, daß alles sich sofort verändert und so angenehm und exakt so sein wird, wie ihr es euch ausgedacht habt. Aber die Liebe, die euch durchströmt, gibt euch das Gefühl, daß alles einfach und vollkommen „richtig" ist. Wenn ihr euch in eurem Leben unwohl fühlt, dann fast immer deshalb, weil ihr nicht liebt. Körperliches oder geistiges Unwohlsein kommt von Aufregung; aufgewühlte Gefühle kommen daher, daß ihr mit jemandem nicht in Harmonie seid — und dieser „Jemand" seid ihr selbst! Ihr vertut die meisten Tage in Besorgnis, ihr wartet immer auf irgendwelche Nackenschläge. Bestimmt wird jemand daherkommen, der euch den Tag verdirbt. Bestimmt verletzt euch irgend jemand oder sagt etwas, was euch nicht gefällt. Bestimmt klappt wieder etwas nicht oder irgend etwas Schreckliches passiert. Dies alles mag sein — aber es macht euch nichts aus. Sagt euch, daß ihr jetzt mit diesem Lebendigwerden beginnen wollt, und laßt dann den Dingen ihren Lauf, bis ihr total lebendig geworden seid und euch total liebt. Konzentriert eure Aufmerksamkeit *nicht* auf all die äußeren Dinge. Euer Liebesgefühl ist nur deshalb noch nicht da, weil ihr euch noch nicht ernstlich darum bemüht habt. Es ist so einfach, zu lieben, und so schwer, nicht zu lieben! Liebe ist natürlich, und wenn ihr versucht, euren natürlichen Zustand zu bekämpfen, verbraucht ihr Energie. Deshalb hängt nunmehr alle eure Probleme an den Nagel. Es gibt niemanden, der nicht aus irgendeinem Grund Angst empfindet, das gehört einfach zur menschlichen Situation. Aber stellt sie bitte in den Hintergrund und kümmert euch nicht länger darum. Fangt an, die Bewegung der Liebe zu spüren, und wenn ihr anfangt, die Dinge und die Menschen um euch herum anders zu sehen, werdet ihr glücklich sein. Vor allem werdet ihr jedoch dankbar sein, euch selbst in jenem Zustand der Liebe zu finden, der soviel Kraft ausstrahlt. Es ist dann nicht mehr wichtig, ob andere euch lieben, weil *ihr selbst voller Liebe seid.* Auch andere brauchen nicht mehr nach eurer Pfeife zu tanzen. Sie alle können einfach so sein, wie sie wollen: frei, wunderbar und lebendig; ihr könnt es ihnen erlauben, denn ihr habt keine Angst. Die Leute klammern sich aneinander, weil sie zuviel Angst haben, ein Stückchen Liebe zu verlieren; aber ihr werdet merken, daß ihr diese Liebe niemals verlieren könnt. Wer sollte sie euch nehmen, wenn sie euch durchströmt? Je mehr ihr davon abgebt, desto mehr habt ihr.

Liebe ist kein unnatürlicher Zustand für den Menschen. Es ist nur unnatürlich, daß ihr versucht, von anderen Liebe zu erringen. Das ist *nicht* der Weg, meine Freunde; es ist nicht ihre Verantwortung, euch zu lieben. Doch es ist eure Verantwortung, *euch selber* zu lieben. Ich meine das nicht überheblich. Das Ego möchte euch gerne einreden, daß ihr arrogant seid, wenn ihr euch selbst liebt. Aber ihr könnt nun einmal niemand anderen lieben, bevor ihr euch nicht selbst liebt. Ihr könnt liebevoll handeln, klar. Ihr könnt euch von rot in grün, in orange, in lila verändern, um anderen zu gefallen, und es wird so aussehen, als ob ihr sie liebt. Was aber, wenn sie euch schwarz wünschen und ihr lieber grün sein wollt? Wo bleibt dann die Liebe? Liebe ist etwas in euch, das hinausströmt und an ihrem Zauber können andere sich erfreuen. Paradoxerweise ist es euch dann jedoch egal: ob ihr allein zuhause seid oder ob viele Leute da sind — es ist immer gleich viel Liebe da. Es ist auch gleichgültig; denn die Liebe ist in euch und deshalb ist sie überall, wo ihr seid. Wenn andere da sind, mit denen ihr sie teilt — gut. Wenn niemand da ist — auch gut. Die Liebe bleibt. Ihr liebt die Pflanzen, die Steine, was immer gerade da ist. Es gibt keine Angst mehr, keine Enttäuschungen, keine Forderungen, *keine Erwartungen!* Was solltet ihr auch erwarten? Erwartungen wollen immer manipulieren. Sie sagen: „Komme *meinem* Verlangen nach!" Aber die Liebe sagt: „Gehorche deinen eigenen Bedürfnissen; ich bin zufrieden und vollständig, und ich teile gerne alles mit dir, was ich habe. Wenn du es willst, nimm es, wenn nicht, laß es sein. Ich bin die Liebe, ich erwarte nichts."

Diese Realität ist kein Traum, keine Phantasie. Sie ist möglich — jetzt gleich. *Und es ist nicht schwer, sie zu erleben.* Es hängt nur davon ab, wieviel Zeit ihr darauf verwenden wollt, danach zu schauen. Ihr könnt entweder an der Liebe teilhaben, die schon überreich vorhanden ist, oder ihr könnt eure Zeit damit zubringen, euch über den Mangel an Liebe aufzuregen. Ihr habt die Wahl. Aber ich sage euch eines: Es wandelt niemand auf Erden, der *nicht* fähig wäre zu lieben. Wenn es dir Spaß macht, dich als „lieblos" zu betrachten, und wenn du dich als jemand siehst, der nicht liebt, dann mußt du dich eben ändern und dich von jetzt an als liebevollen Menschen betrachten. Das ist zunächst schwierig, denn alle deine Spielchen beruhen darauf, daß du dich selbst als nicht liebend siehst. Werde dir bewußt darüber, welches Bild du von dir hast. Siehst du dich selber als stark, dynamisch, fähig, liebevoll, intelligent und humorvoll? Nein. Warum nicht? Alle diese Eigenschaften stehen dir zur Verfügung. Siehst du dich wirklich lieber als jemand, der voller Selbstmitleid und Sorgen, ängstlich, nervös und neurotisch ist? Ja? Eltern sagen ihren Kindern häufig derart seltsame Dinge, und wenn sie ihnen lange genug eingeflüstert haben, wie schwach sie seien, werden die Kinder davon überzeugt, und just so, wie es ihnen vorgesagt wurde. Doch Worte von Schwachheit haben keine innere Realität. Ihr seid verwirrt, weil ihr nicht wißt, daß ihr alle Energie in Aktion seid. Der Mensch besteht aus sich bewegenden Energieströmen, und einer dieser Ströme heißt *Liebe.* Aktiviert ihn und liebt euch selbst. Laßt ihr ihn unbeachtet, wird nichts sich verändern.

Ich wiederhole, daß du dir jetzt nicht „da draußen" jemand aussuchen sollst, den du zu „lieben" beschließt. Die Person, die du zuerst zu lieben beschließt, bist du selbst. Ich rede jetzt nicht von deinen Ego-Attributen, denn die mögen ganz und gar nicht liebenswert sein. Nicht jeder, der geliebt wird, ist deshalb ein wunderbarer Mensch. Die Eigenschaften des Ego sind nicht euer wahres Ich, und Menschen, die dazu bereit sind, können einfach durch sie hindurchschauen und dahinter die Realität der Liebe sehen. Die körperlichen, mentalen und emotionalen Eigenschaften bestehen weiter. Ich sage nicht, daß du dein Ego lieben sollst, aber ich bitte dich, dein inneres Selbst zu lieben; das, was du tief innen bist. Wenn du einmal begonnen hast, diese Liebe zu schmecken, und vertraut mit ihr umgehen kannst, dann wirst du anfangen, alle Teile deines Ego anzunehmen, ohne dich damit zu identifizieren. Und dann bist du nicht mehr mit Problemen beladen.

Frage: Gibt es irgendein Mantra oder eine Affirmation, die wir benutzen können, um diesen Prozeß zu unterstützen?

Ich gebe euch kein Mantra, denn ihr könnt selbst eines in euch finden, das richtig für euch ist. Wenn ihr es in euch selbst gefunden habt, dann hat es Bedeutung für euch. Wenn ich euch eines gebe, kreist es in eurem Kopf. Ich bin immer für Dinge, die funktionieren! Die Schwierigkeit mit Worten ist zumeist, daß sie zur rein mentalen Übung werden können, anstatt ein Erlebnisprozeß zu sein. Liebe ist etwas, was ihr im Herzen *spürt.* Das hat nichts mit eurem Emotionalkörper zu tun und hat auch keine Gefühlsqualität. Ihr wißt es, wenn ihr sie spürt. Ihr seid nicht mehr und nicht weniger als „Energiegeneratoren"; warum erzeugt ihr also nicht eine Energie, die euch nützt? Die meisten von euch „schalten auf Automatik" und erzeugen somit, was immer gerade kommt. Wenn *ihr* nicht bestimmt, was ihr erzeugen wollt, dann wird eure Umwelt es tun. Doch wenn ihr diesen Vorgang des Energieerzeugens ernst nehmt, werdet *ihr selbst* bestimmen wollen, welche Arten von Energie ihr hervorbringt. Wenn Worte euch dabei helfen, gut. Aber versichert euch, daß die Energie fließt und daß ihr sie spürt. Wenn ihr ein Mantra nur im Kopf herumbewegt, dann schlaft ihr dabei ein. Es muß etwas sein, das lebendig ist, und ich empfehle Worte dort, wo sie euch helfen, lebendig zu sein.

Um ganz ehrlich zu sein, ich glaube einfach, das beste ist

es, euch nach innen zu wenden und all die Liebe zu spüren, die da ist. Sie ist wohl still und fein, aber je mehr ihr danach ausschaut, desto eher wird sie sich zeigen. Ihr findet immer, wonach ihr sucht. Es wird warm, und wenn diese Energie sich schnell genug in euch bewegt, wird es euch vielleicht heiß! Keine Panik! Meint jetzt nicht, ihr bräuchtet rasch eine kalte Dusche! Macht euch überhaupt keine Sorgen darüber. Laßt es einfach zu. Die Energie findet ihren Weg selbst, und wenn sie aufsteigt und oben hinausfließt, dann laßt auch das geschehen. Ihr seid Erzeuger von Energie und es ist sehr naheliegend und nützlich, Liebes-Energie zu erzeugen. Die meisten von euch erzeugen hingegen rauhe Mengen von Angst, Zweifel, Mangel, Reue, Wut, Groll und Selbstmitleid. Ich würde sagen, das ist nicht sehr kreativ. Anstatt dauernd zu versuchen, eure Partner, eure Kinder, euren Chef oder euren Arbeitsplatz zu verändern, solltet ihr zuerst damit beginnen, dieses Liebesgefühl in euch zu erzeugen. Ihr könnt es! Wenn ihr es nicht endlich probiert, werdet ihr auch nie erfahren, wie es sich anfühlt. Wollt ihr lebenslang auf den Märchenprinzen, auf die Märchenprinzessin warten, die euch Liebe „schenken" würden? Wieviele von euch haben eigentlich mal so einen Märchenprinzen oder eine Märchenprinzessin erlebt? Wetten, es hat trotzdem nicht funktioniert? Es kann nicht funktionieren, weil sie draußen sind — und die Liebe ist innen.

Frage: Wenn unsere wahre Natur Liebe ist, haben wir sie dann vieleicht schon erlebt, aber nicht erkannt?

Ihr fühlt sie manchmal spontan; aber dann macht ihr euch mit eurem Intellekt sogleich daran, dieses Gefühl zu analysieren und versucht, einen „Grund" dafür zu finden. Ihr meint, irgend etwas oder irgend jemand außerhalb von euch habe das Gefühl verursacht. Das ist es, was euch von anderen Leuten abhängig macht. In euren Liebesbeziehungen werdet ihr direkt süchtig nach der Person, für die ihr dieses Gefühl empfindet. Da kam jemand in euer Leben und ihr fühltet Liebe; also denkt ihr, daß ihr ohne diesen Menschen dieses Gefühl niemals mehr erleben werdet. Freunde, seid ihm oder ihr dankbar, und geht dann vorwärts. Entwickelt euch weiter. Macht euch nicht von anderen abhängig, um euch „liebevoller" fühlen zu können — das ist *eure* Aufgabe. Wenn diese Energie da ist, wunderbar! Die meisten Liebesgeschichten oder Ehen beginnen so — mit einem so wundervollen, so seligen Gefühl! Aber wohin verliert es sich? Ihr verliert es, weil ihr einmal mehr einem anderen Menschen die Verantwortung dafür übertragen habt, Gefühle der Liebe in euch wachzurufen. Erweist sich also jener Partner nicht als zufriedenstellend, müßt ihr es mit einem anderen probieren. Und schon habt ihr es wieder, dieses wundervolle Gefühl, aber bald klappt es hier auch nicht mehr, und ihr treibt das Spiel weiter. Wie viele Menschen wollt ihr so „durchprobieren", bevor es euch zu langweilig wird? Es liegt niemals daran, daß mit dem jeweiligen Menschen etwas nicht stimmt, sondern daran, daß ihr eure „Arbeit" an jemand anderen abgeben wolltet, eure Arbeit nämlich, die Kraft der Liebe immer weiter aufzubauen. Macht euch weder Gedanken noch Sorgen um die Liebe, analysiert sie nicht, sondern *spürt* sie einfach. Sie *ist* in eurem Herzen. Bleibt in eurem eigenen Inneren und kuschelt euch in dieses wundervolle Gefühl da drinnen ein. Manchmal müßt ihr dann lachen, manchmal weint ihr, und manchmal könnt ihr einfach nichts mehr sagen, weil es so wunderbar ist. Und alles beginnt in euch selbst. Ich meine natürlich nicht, daß ihr jetzt keine anderen Menschen mehr lieben sollt, ich sage euch jedoch klipp und klar, daß ihr nicht andere dafür verantwortlich machen sollt, daß dieses wunderbare Gefühl in euch andauern kann. Das bleibt eure eigene Verantwortung, und alles, was dafür notwendig ist, ist der innere Entschluß, es spüren und hervorbringen zu wollen.

Liebe erzeugt zwei physische Phänomene: sie hat ein Gefühl, und — das wird euch überraschen — sie hat auch einen Duft. Viele von euch, die tiefe Meditation kennen, sind manchmal überwältigt von den verschiedenen Düften, die sie da erleben — Rosenduft oder Veilchenduft oder auch unbekannte Düfte. Eine Frau, die das erstmals erlebte, suchte überall im Haus nach dem Räucherstäbchen, das da zweifellos glimmen mußte; sie wollte gar nicht fassen, daß das ein von selbst entstandenes Aroma war. Viele der großen Avatare hatten so einen spezifischen Duft um sich. Wenn ihr euch eurer selbst tiefinnerlich bewußt seid, mag es manchmal um euch herum duften wie eine Blume. Die Energie hat Substanz, und manchmal, weil ihr in mancher Hinsicht noch ganz wie Kinder seid und ebensoviel Ermutigung braucht, schenken wir euch etwas. Ein solches Geschenk ist ein Duft, von dem ihr wißt, daß er aus einer anderen Welt kommt. Er macht euch sehr dankbar. Alle Zeichen, die ihr bekommt — ein Lichtblitz, eine Vision, ein Augenblick tiefen Verstehens, eine Veränderung eures Gesichtsfeldes oder was es auch sein mag, sind unsere Geschenke, die euch anspornen sollen, weiterzumachen. Bitte, geht weiter! Wir verstehen, wie schwierig es ist, dem Unsichtbaren zu folgen; wie schwierig, für das Unsichtbare sogar zu leben. Deshalb schenken wir euch gelegentlich etwas, was euch ermutigt. Manchmal schicken wir sogar „Spukgestalten“ (wie zum Beispiel mich), die mit euch sprechen, und hoffen ebenfalls, daß sie euch ermutigen. Also, macht bitte weiter, bleibt nicht stehen. Mit dem Weitergehen kommt der Mut, kommt der Glaube, kommt die Erfahrung, die alle Vernunft übersteigt. Dann vermag nichts, was irgend jemand sagt, euch zur Umkehr zu bewegen. Etwas, was immer für euch da ist, ist unsere Liebe zu euch. Ihr neigt dazu, das zu vergessen, deshalb möchte ich es euch wieder einmal sagen. Es ist absolut unerheblich, was ihr tut oder sagt, welche Handlungen ihr ausführt — unsere Liebe hört niemals auf, unsere Liebe ist immer da und sie wird euch nie, niemals verlassen! Ihr könnt dies testen, indem ihr in euch hineingeht und sucht, ob ihr etwas Lebendiges findet, ein Gefühl, das sich wie „Liebe" anfühlt. Ihr werdet nicht enttäuscht sein. Bitte, versucht nicht, irgend jemand zu lieben. Sprüht einfach aus eurer *eigenen* Liebe, und es wird viele „andere" geben. Vergeßt das nicht. Du liebst dich, und ich liebe mich, also lieben wir einander. Das Wunder ist, daß es dasselbe ist.

Frage: Kann man Liebe „nachweisen"?

Ihr Menschen scheint nicht begreifen zu können, daß euer Körper und euer denkendes Bewußtsein nur ein recht kleiner Teil der Totalität dessen sind, was ihr seid. Deshalb setzt ihr euren Erfahrungen Grenzen. Spürt ihr die Bewegung dieser Liebe in eurem Inneren und beginnt zu verstehen, daß sie wie ein Strom ist, dann begreift ihr allmählich, daß alle diese einschränkenden Ideen einfach weggeschwemmt werden können. Die Macht der Liebe ist eine Wellenbewegung, ein Strom, der euch durchflutet, der euch verwandelt und dann weiterströmt. *Er ist nichts, was ihr ins Sein rufen könnt.*

Manche von euch meinen, die Macht der Liebe hängt davon ab, ob euer Körper im Gleichgewicht ist oder nicht, und sie müßten sich erst durch irgendeine Diät reinigen, bevor die Liebe fließen könne. Na schön — macht soviel Yoga, wie ihr wollt, nehmt andere Nahrung zu euch, verändert eure Gedanken, eure Gefühle — was immer ihr wollt. Aber wenn ihr sagt, daß ihr nicht *lieben* könnt, bevor ihr euch all diesen Ritualen unterzogen habt, werdet ihr niemals lieben, denn ihr werdet immer noch weiterer Umwandlungen bedürfen. Ihr werdet immer irgendeine Niere zu spülen oder eine Leber in Ordnung zu bringen haben oder irgendein neues Kraut einnehmen müssen, damit ihr dies oder jenes tun könnt. Ihr werdet also nie im Gleichgewicht sein, sondern ständig etwas ändern wollen. Manche von euch sagen sogar, daß es im Physischen ohnehin nicht geschehen könne, daß man bis zum Tode warten müsse, bevor man lieben kann. All dies sind Begrenzungen. *Ihr braucht überhaupt nichts zu tun!* Es gibt nichts zu verändern oder zu werden. Seid einfach kuschelig und wohlig mit dem, was ihr schon seid. Und genau das ist es, was die Wissenschaft so haßt und nicht kapiert. Die Macht eures Bewußtseins selbst, eures Vertrautwerdens mit dieser Energie, baut sich so sehr auf, daß sie beginnt, sich zu bewegen, und dann überflutet sie euch. In eurer sogenannten „spirituellen Szene" besteht eine unglückselige Neigung, zu forcieren und zu meinen, daß man unentwegt etwas „tun" müsse, um für das Göttliche Licht oder die Göttliche Liebe durchlässiger zu werden. Freunde, es ist viel schwerer, euren Körper zu transformieren als die Liebe in eurem Herzen fließen zu lassen. Wieviel Liebe in euch fließt, hängt nicht von eurem physischen Gefährt ab. Hatte der heilige Franziskus etwa einen gesunden dynamischen Körper? Ganz im Gegenteil —

er war ein körperliches Wrack. Er schlief nicht genug und aß nicht richtig. Meint ihr etwa, sein Hormonhaushalt sei im Gleichgewicht gewesen? Daß sein Spucketest gezeigt hätte, daß seine Nieren gut funktionieren? Daß sein Mineralhaushalt balanciert war? Wovon redet ihr eigentlich? Dauernd bringt ihr Ausreden daher, um das Eigentliche hinauszuschieben und zu warten und zu erwarten. Franziskus tat nur eins, Tag und Nacht. Er bat einfach: „Gott, hilf mir zu lieben!" Er sagte nicht, „Mach, daß *sie* mich lieben", sondern „Laß *mich* lieben"! Und alle nahmen sie ihn beim Wort, und auch euch werden sie beim Wort nehmen. Ihr benötigt dazu keine ausbalancierte Aura und auch keine sauberen Nieren. Alles, was ihr braucht, ist die Demut, zu sagen: „Ich will lieben, und es ist mir egal, ob irgend jemand mich liebt." Die Liebe wird anfangen, sie wird größer werden, und ihr werdet lachen oder weinen, ohne zu wissen, warum. Flüchtet euch nicht in Ausreden — und laßt auch andere keine für euch suchen. Um ganz und gar liebend zu sein, braucht ihr nichts als das Verlangen danach. Es steckt in jedem Menschen. Es ist immer da, wie verborgen es auch sein mag. Das Menschenwesen weiß von Natur aus, daß sein Weg zum Licht über die Liebe führt. Mehr als nach allem anderen sehnt es sich nach seinem göttlichen Zuhause, und es sind die Flügel der Liebe, die euch nach Hause tragen! Bitte, schiebt es nicht auf.

Meditation als Weg zu innerer Bewußtheit

24. Januar 1982
Albuquerque, Neu Mexiko

Frage: Möchtest du uns etwas über ungewöhnliche Erscheinungen sagen, die in der Meditationspraxis auftreten können?

Ich zögere ein wenig, darüber zu sprechen, weil es so unglaublich viele Möglichkeiten gibt. Ich fürchte, daß ihr euch mal wieder als Versager auf dem Pfade fühlen werdet, wenn ihr keine dieser Reaktionen, die wir besprechen, erlebt habt. Ich möchte zu Beginn also nachdrücklich sagen, daß keines dieser Symptome von Erleuchtung und Verstehen unbedingt auf diese Weise kommen muß. Auch müssen wir einräumen und davon ausgehen, daß der körperliche Apparat mancher Menschen leichter auf tiefe Meditation reagiert. Wenn ihr euch in Zeiten emotionaler Schwierigkeiten in jedem Augenblick intensiv selbst erforscht, manifestieren sich manchmal bestimmte Dinge. Vielleicht können wir also zeigen, wie ihr euch diese nützlich machen könnt.

Oft antwortet der Körper auf erhöhte Energien mit bestimmten Reaktionen, und wenn ihr auf irgendeine Art auf dem wahren inneren Weg seid, wird sich euer physischer Körper fast unmerklich zu verändern beginnen. Viele Menschen merken, daß tiefes Meditieren die Nebenwirkung hat, daß sich körperliche Schwierigkeiten auflösen. Je mehr du dir, wenn auch nur oberflächlich, darüber bewußt wirst, daß du Energie in Bewegung bist, um so besser begreifst du, daß du von riesigen Feldern verschiedenartiger Energiewellen umgeben bist. Meist könnt ihr sie nicht mit den Augen sehen oder mit den Ohren hören, aber gelegentlich spürt ihr sie in eurem Körper.

Warum sollt ihr übrigens meditieren, wo so viele von euch es doch so langweilig finden? Ist das der Fall, dann meditiert nicht, sondern findet irgendeine andere Art und Weise, wie ihr diese Energie in Bewegung kommen lassen könnt. Es gibt so viele Möglichkeiten. Spirituelles Tanzen ist eine; denn wenn ihr euch dem Fluß der Bewegung und des Klanges hingebt, könnt ihr manchmal — selbst wenn es nur für kurze Zeit ist — eure übliche Sicht auf die Dinge fallenlassen. Ihr seht ohnehin meistens mit eurem Kopf, nicht mit den Augen. Das Dumme daran ist, daß ihr so immer wieder auf dieselben Vorstellungen hereinfallt. Ihr seht eure Rollen als Frau, als Mutter, als Ehefrau, als Geschäftsperson u.s.w.. Damit identifiziert ihr euch. Wenn irgend etwas Traumatisches passiert, sagen wir, euer Kind stirbt, oder der Partner verläßt euch, dann schwelgt ihr in Angst. Eure Angst kommt daher, daß eine Facette eures Selbstbildes auf einmal verschwunden ist. Auf einmal bist du keine Ehefrau mehr. Wenn du keine Ehefrau bis, *was bist du denn dann?* Der Verstand und das Ego eilen, diese Lücke so schnell wie möglich wieder aufzufüllen, und dir wiederum ein Selbstbild zu liefern, damit du nicht länger das Gefühl haben mußt, nicht zu wissen, wer du bist. Jedesmal, wenn es in deinem Leben schwieriger wird, hast du jedoch eine neue Chance, ein altes Bild von dir selbst loszulassen — aber deine Energie geht dahin, das vertraute Bild aufrechtzuerhalten. Du meinst, du seist ein „kontinuierliches" Wesen — aber das ist nicht so. Wenn du genauer hinschauen würdest, könntest du das sehen. Du bist nicht eine Art zusammengesetztes Konglomerat all dieser verschiedenen Selbstbilder. Ihr versucht nur dauernd, euch gefällig zusammenzufügen, in der Hoffnung, für andere dann besser auszusehen, insbesondere für jene, die euch wichtig sind. Wenn also ein Teil von dir zerstört wird — wenn du zum Beispiel keine Ehefrau mehr bist — was bist du dann? Da ist dann eine leere Stelle, und du füllst sie mit der Idee: „Ich bin eine verlassene Frau". Wenn in eurem Selbstbild eine solche Lücke entsteht, würde ich von jetzt an vorschlagen, daß ihr sie, anstatt sie mit einer neuen Vorstellung zu füllen, einfach in jenem angenehmen Zustand haltet, den ich „Noch-Nicht-Wissen" nennen würde. Ein Teil von euch wird dann vermutlich suggerieren, daß ihr nicht wißt, wer ihr seid. Je mehr solcher Augenblicke ihr entwickeln könnt, desto glücklicher werdet ihr in eurem Zustand des Nichtwissens sein. Es ist wichtig, derlei äußere Manifestationen zu beobachten.

Wenn ihr anfangt zu meditieren, verschafft ihr euch eine Gelegenheit, eure verschiedenen Teile gleichzeitig aufsteigen und fallen zu sehen. In diesem Moment seht ihr euch auf eine Weise, im nächsten auf eine andere; und bei noch genauerem Hinschauen werdet ihr eine ganze Reihe von Figuren sehen können, die alle ihr selbst seid. Ihr habt viele Bilder von euch selbst, und anstatt sie starr bis zu eurem Tode „festgeschrieben" zu sehen, erkennt ihr allmählich, daß ihr sie verändern könnt. Anfangs werdet ihr jene Bilder von euch selbst, die euch gefallen, nicht loslassen — nur solche, die euch mißfallen. Fangt also da an, wo ihr eben gerade steht, und wenn ihr eine Facette von euch entdeckt, die euch nicht gefällt, dann ersuche ich euch aufrichtig, sie zu verändern. Ihr habt sie erschaffen, und *ihr allein könnt sie ändern.* Ihr müßt euch nicht mit einer Unmenge Leute in euch weiter durchs Leben schleppen, wenn ihr ohnehin keiner dieser „Rollenspieler“ seid.

In der Meditation werdet ihr, nachdem sich der physische Körper immer tiefer beruhigt hat, allmählich neue Energien in eure Aura hereinziehen. Im gleichen Moment, da diese neuen Energien auf euren physischen Rahmen treffen, werdet ihr verschiedene Erfahrungen machen. Vielleicht habt ihr Visionen. Es gibt zweierlei Visionen — beglückende und beängstigende. Hinter jeder Vision — egal, ob begeisternd oder dämonisch — steht etwas, das eure Aufmerksamkeit auf sich ziehen will. Zumeist ist es eine Ansicht von euch selbst, die versucht, ins Wachbewußtsein zu gelangen, so daß ihr sie ablegen könnt. Habt ihr zum Beispiel einen negativen Traum, eine beängstigende oder gar alptraumhafte Vision, werdet ihr von Furcht übermannt. Dies sind aber „unterbewußte Alpträume“, die zurück ins Bewußtsein gebracht werden müssen. Vor derartigen Visionen oder Träumen laufen die meisten von euch davon. Ich möchte euch inständig bitten, *nicht* vor solchen Visionen zu flüchten. Es ist Teil eures Prozesses, euch diese uralten Ängste ins Bewußtsein zurückzurufen und je mehr ihr sie anschaut, desto hilfreicher wird es für euch sein. So etwas wie „schlimme“ Visionen, Träume oder Alpträume gibt es nicht! Wenn ihr immer wieder Angstträume habt, dann macht euch bewußt, daß euer grenzenloses Selbst so versucht, eure Aufmerksamkeit auf die noch unverarbeiteten Muster zu lenken. Ihr habt jene Alpträume bereits durchlebt und durchlitten und ihr habt sie überstanden. Sie sind nichts, vor dem ihr euch jetzt noch fürchten oder gar davonlaufen müßtet.

Euer Körper wird allmählich aufs Meditieren reagieren, und ihr spürt vielleicht Ohrenklingen oder Körperzucken oder es vibriert soviel Energie in euch, als wärt ihr an eine Steckdose angeschlossen. Vermutlich meint ihr zuerst, euer Körper sei in Gefahr und ihr solltet lieber aufhören. Ich schlage jedoch vor, daß ihr diese Abläufe, anstatt dagegen anzugehen, als Zeichen dafür nehmt, daß die Energie endlich beginnt, auf ihre Weise mit eurer physischen Form zu verschmelzen. Laßt es zu! Ihr habt Ohrenklingen, na und? Ist das so sehr anders als all diese moderne Musik, die ihr so gerne spielt? Oder was soll's, wenn eure Augen anfangen, die Dinge ein wenig anders zu sehen, wenn die physische Welt verschwommener erscheint und ihre Ränder ein wenig weiter? Ihr könnt einmal folgendes versuchen: schaut jemandem, der nahe vor euch sitzt, mit einem weichen, stetigen Blick ins Gesicht, zwischen die Augen und etwas drüber. Merkt ihr, wie alles sich zu bewegen beginnt? Euer Gesichtsfeld verändert sich zuerst, und dann fängt das Gesicht an, sich zu verändern. Es wird entweder wunderschön oder ganz gräßlich, bald männlich und bald weiblich, mal jung und mal alt. Zahllose Gesichter tauchen auf und verschwinden wieder. Ein Karussell.

Wenn ihr jemanden eine Zeitlang mit dieser Art unbeteiligter Wahrnehmung anschaut, benutzt ihr die Energie des „Dritten Auges" und verschmelzt mit der Energie eines Partners. Ihr erlebt dadurch etwas anderes als das, was ihr sonst kennt. Anstatt ewig zu grübeln, welche Art von Beziehung ihr wohl früher mal hattet, wißt ihr dann einfach, daß ihr mit irgendeinem Aspekt dieses Menschen in Berührung gekommen seid. Seid ihr oft und lange zusammen gewesen, habt ihr ein konkreteres Bild voneinander, weil ihr häufiger Gelegenheit hattet, es aufzubauen. Dieses Bild kann ebenfalls durchbrochen werden. Sobald ihr mit dieser Energie zu arbeiten beginnt, seht ihr „das andere" jedes Menschen. Ihr spürt allmählich, was hinter dem ehernen Bild von Gesicht und Form steht, das ihr euch von ihm gemacht habt. Ihr erfahrt das Gefühl größerer Weite und beginnt zu begreifen, was es heißt, wenn wir euch sagen, daß *ihr* ein Geheimnis seid, daß *andere* ein Geheimnis sind, und daß zwischen euch allen ständig etwas Geheimnisvolles geschieht.

Was ist der Unterschied zwischen einer echten Geisteskrankheit und einem Bewußtseinszustand, der durch spirituelle Arbeit oder ein Mehr an Energie provoziert wurde? Wenn du einem solchen Zustand nachspürst und weißt, daß du dich dabei energiegeladen, erhoben und fasziniert gefühlt hast, daß du den Wunsch hattest, immer mehr und mehr zu erfahren — dann bist du auf dem richtigen Weg. Solltest du jedoch *überwältigende* Angst, ein Gefühl völliger Desorientierung oder eine Angst, nicht mehr zurückzukommen empfinden, dann ist es nichts für dich! Macht euch jedoch klar, daß ihr auf eurem Weg zurück ins Licht auch Erfahrungen haben werdet, die nicht dem allgemeinen „Standard" entsprechen. Darum geht es ja schließlich auch. Warum sonst sollte man sich all diese Mühe machen? Wenn eure Welt immer dieselbe bleiben, immer gleich aussehen, riechen und sich anfühlen soll, warum seid ihr dann alle hier? Ihr sucht doch nach dem Außergewöhnlichen — aber wenn es kommt, ist sofort auch die Angst da. Jedermann warnt euch nämlich, daß ihr nicht balanciert seid, wenn ihr die Dinge nicht ebenso kontinuierlich erlebt, wie sie selbst. Ich würde eher sagen, ihr seid „nicht im Gleichgewicht", *wenn* ihr alles nur als „kontinuierlich" erlebt. Falls ihr euch wirklich beobachtet, seht ihr, daß ihr in einem Augenblick glücklich seid, im nächsten wütend, im nächsten schuldbewußt, im nächsten sinnlich, im nächsten hungrig, im nächsten müde. Und dann wollt ihr sagen, es bliebe alles gleich? Könnt ihr wirklich diese herrliche, unglaubliche Welt von dauernder Veränderung, von glücklich und traurig, von auf und ab, von Angst und Freude gelangweilt anschauen und sie als „gleichbleibend" charakterisieren?

Warum versucht ihr nicht einmal etwas anderes? Beharrt auf dem ketzerischen Standpunkt, daß ihr *nichts* von alledem seid. Daß ihr nur Beobachter einer unendlichen Vielfalt von Empfindungen, Gedanken und Gefühlen seid. Laßt auf dem Bildschirm dessen, was ihr seid, alles einfach kommen und gehen. Wenn Angst da ist, ist Angst da; wenn Freude da ist, ist Freude da; wenn Wut da ist, Wut. So ihr aufhören könnt, euch in die übliche Maschinerie zu verwickeln, findet ihr wahre Freiheit, denn ihr seid *keins jener genormten Gesichter.* Ihr meint häufig, es sei besonders wichtig, alle eure Wesensmerkmale zu fixieren und „zusammenzuhalten". Doch wenn ihr alle diese Aspekte von euch zusammengesetzt habt und eine davon fällt heraus oder wendet sich gegen euch, was passiert dann? Euer ganzes Selbstbild erscheint euch als Feind, der euch angreifen will. Freunde, wenn ihr doch nur verstehen könntet, daß ihr euch auf unendlich viele Weisen definiert habt und daß ihr immer wieder aufhören könnt, euch „so" oder „so" zu definieren; wirklich, ihr könnt dann anfangen, frei zu werden.

Wenn ihr heute abend nach Hause geht, bitte ich euch, eine Liste von all euren Sebstdefinitionen anzulegen. Schreibt auf ein Blatt Papier, wer ihr zu sein glaubt. Ihr werdet ein ungemein vielseitiges Wesen entdecken — euch selbst; und wenn ihr eure Liste überschaut, werdet ihr sicherlich wünschen, *alle* diese Teile von euch beizubehalten, um ein möglichst vollkommenes Bild von euch zu bewahren! Nehmen wir an, du hast eine Scheidung hinter dir. Du siehst dich dann wahrscheinlich als „Versager", weil du meinst, das Bild von dir, das dich als „verheiratet" definiert, habe sich jetzt gegen dich gewandt. Oder sagen wir, du hast einen Job, und dir wird gekündigt. Wieder fühlst du dich als Versager. Was dich dabei nicht ruhen läßt ist *nicht* die Angst, deine Rechnungen nicht bezahlen zu können, sondern dein Bild von dir selbst als einer erfolgreichen, dynamischen Person. Du fühlst dich verletzlich. Wenn ein Teil von dir abgetrennt wird, etwa deine Arbeit, dann ist es *nicht* das Geld, was dir am meisten ausmacht. Man kann immer mit weniger auskommen, immer. Warum also fühlst du dich so mies? Weil dein Selbstbild als erfolgreicher Mensch jetzt durch eins ersetzt wird, das dich als „Versager" definiert. Sobald ihr entdeckt, daß alle diese Bilder von euch selbst, ob gut oder schlecht, nur simple Strichmännlein sind, die durch euer Leben wandern, viel Spaß dabei haben und nur tun, was sie wollen, dann werdet ihr euch nicht länger verletzlich fühlen, wenn eines davon sich gelegentlich verändert. Es verblüfft mich oft, daß ihr, obgleich in 99 % eurer Unternehmungen erfolgreich und lediglich in 1 % vesagend, euch alsbald insgesamt verdammt. Und dann seid ihr verzweifelt, unglücklich und erschreckt. Andere sehen euer Leben überhaupt nicht so. Sie sehen die vielen, vielen wunderbaren Dinge, die geschehen sind. Nur ihr selbst bringt alle diese negativen Strichmännlein daher und breitet sie vor Gott und der Welt aus, damit jeder sehen soll, was für Versager ihr seid.

Wenn ihr als Spielregel für euch aufgestellt habt, in eurem Leben nur erfolgreich sein zu dürfen, dann müßt ihr einfach versagen. Ihr *könnt* nicht nur erfolgreich sein, sondern ihr werdet einige Spiele gewinnen und andere verlieren — so, wie das im Leben ist. Wenn ihr der Meinung huldigt, daß *jeder* eurer Schritte golden und wunderbar, richtig und rein sein muß, dann werdet ihr scheitern. Nicht in der äußeren Welt, sondern in eurer inneren. Ihr fürchtet euch schon, sobald eines der Strichmännlein nur ein wenig aus der Reihe zu geraten droht. Beobachtet einmal dieses Verhaltensmuster: sofort werdet ihr sämtliche „guten" Teile eures Lebens irgnorieren. Wenn ihr euch dann in das Muster hineinwühlt, wieder einmal alles aufzustöbern, was soeben *nicht* gut geht, dann — ratet mal, was? — dann erlebt ihr tatsächlich Mißerfolge. Wenn ihr lange genug auf euer negatives Selbstbild starrt, produziert ihr sie. Wenn ihr jedoch verstehen lernt, wie einfach der Ausweg ist — einfach zurückzutreten und zu beobachten, wie euer Denken immer und immer wieder unendliche Variationen von euch erschafft — dann habt ihr das Spiel durchschaut.

Mit eurem Denken erschafft ihr. Und wenn ihr das versteht, daß ihr selbst es seid, die alles erschaffen, geschieht zweierlei. Zuallererst könnt ihr euch von der Tyrannei gewisser Selbstbilder befreien und außerdem erkennt ihr einmal mehr, daß ihr wählen könnt. Viele von euch leben unter einer selbst auferlegten Tyrannei; sie entsteht, wenn ihr euch zu sehen weigert, daß jede negative Erfahrung nichts ist als eben eine von Myriaden von Erfahrungen in eurem Leben. Doch, was tut ihr? Immer und immer wieder spielt ihr in Gedanken jene unliebsamen Ereignisse ab, und so werden sie immer gewichtiger. Inwieweit *irgendein* Erlebnis euer Leben beherrschen kann, hängt nur davon ab, wieviel Energie ihr ihm gebt. Ein Beispiel: Zwei Leute stehen an einer Straßenecke, ein Bus fährt vorbei und bespritzt sie mit Dreck. Sie könnten identisch reagieren, denn sie haben das gleiche erlebt. Glaubt ihr, das tun sie? Ha! Einer wird's abtun und vergessen, doch der andere wird tagelang mit jedermann über den Busfahrer schimpfen, der ihn so bespritzt hat, und seine Wut wird wachsen. Dasselbe Ereignis, aber wie unterschiedlich die Reaktionen! Die meisten von euch, die sich von einem Selbstbild tyrannisieren lassen, reagieren genau wie der Wütende. Ihr plustert euch auf, um *euer* negatives Selbstbild in Schach zu halten. Aber ihr habt aus einem Tropfen ein Faß voll Gift erschaffen und trinkt es aus! Im Augenblick, wo der Dreck euch bespritzt, könnt ihr wählen; ihr könnt den negativen Faktor in euch ignorieren oder stärken.

Wenn ihr meditiert und allmählich begreift, daß meine Worte nicht schieres Gerede sind, könnt ihr frei werden. Ihr werdet jedoch erst frei, wenn ihr euch klarmacht, daß ihr *wählen* könnt. In jeder tiefen Meditation wird euch ganz klar, daß Dinge einfach kommen und gehen. Ihr könnt euch dranhängen oder sie loslassen. *Ihr erschafft euch in jedem Augenblick selbst aus den Reaktionen eures Bewußtseins.* Oft lest ihr, daß ihr euer eigenes Universum, eure eigene Realität erschafft. Was heißt das? Es heißt, daß ihr aus den Millionen von Gedankenformen, die unentwegt durch euer Bewußtsein ziehen, diejenigen auswählt, die ihr festhalten wollt. Du gehst die Straße entlang; drei Leute lächeln, zwei runzeln die Stirn. Welche beachtest du? Du hast irgendwas Auffallendes an. Einige Leute finden es toll, andere unmöglich. Welchen schenkst du deine Aufmerksamkeit?

Ihr wählt, und dann baut ihr euch daraus ein Bild von euch selbst und erschafft Tag für Tag, mit jedem Gedanken und mit jeder Wahl euer eigenes Universum. Es ist nicht besonders wichtig, *was* in eurer Welt vor sich geht. Ihr wählt, was ihr über diese Welt denkt, und das wißt ihr ganz genau. Es gibt Leute, die ihren Arbeitsplatz verlieren, und es stört sie nicht, während andere eine Pistole nehmen und Selbstmord begehen. Ich bitte euch, diesen ersten, wichtigsten Schritt in eure eigene Freiheit ernst zu nehmen. Ihr könnt euch mühelos aus jeglicher Tyrannei befreien, wenn ihr nur begreift, daß ihr es selber seid, die Tag für Tag wählen und interpretieren und so ihr eigenes Selbstbild erschaffen. Wenn dir das Bild nicht gefällt, *dann ändere es doch!* Du veränderst andauernd dein Bild. Das Dumme ist nur, daß du es total unbewußt tust. Zum Erwachen gehört jedoch auch die Erkenntnis, daß du deine Sicht von dir selbst und von den Ereignissen in deinem Leben selbst erschaffst. Hast du das einmal begriffen, befindest du dich in einer Machtposition. Wenn du *nicht* voller Groll herumlaufen willst, dann wähle etwas anderes. Wenn du gerne grollst, dann wähle *das*. Was du wählst ist nicht wichtig, aber *daß* du wählst.

Es klingt vielleicht wie spirituelle Ketzerei, aber manchmal macht es schlicht und einfach Spaß, wütend zu werden! Wenn du dich für Wut *entscheidest,* kann es spannend sein und muß gar nicht zerstörerisch wirken. Wenn du jedoch unbewußt in Wut gerätst und explodierst, dann bist du hinterher voller Schuldgefühle, Reue und Groll, weil die eine Hälfte von dir wütend sein will und die andere Hälfte das nicht anerkennt. Wenn du also deine Wut gut hinunterschlucken und stattdessen lächeln kannst, dann wird sich dein Bild von dir als einem „liebevollen Menschen" kaum verändern. Das gibt dir Auftrieb. Ihr alle macht das jeden Tag. Es gibt aber einen Unterschied zwischen „sauberer" Wut und „dreckiger" Wut. „Sauber" ist sie, wenn ihr ganz bestimmte Feststellungen trefft und dafür die volle Verantwortung übernehmt. „Dreckige" Wut macht den anderen verantwortlich und wirft ihm seine „Fehler“ vor. Ihr habt im Grunde die absolute Herrschafft über eure Emotionen, aber ihr seid euch dessen nicht bewußt. „Erwachen“ bedeutet, wach zu sein und all die auftauchenden Gedankenformen bewußt zu sehen und dabei zu wissen, daß ihr sie *wählen* könnt. Anstatt also solche auszuwählen, mit denen ihr euch freudlos und unbehaglich fühlt, könntet ihr wahrlich so schlau sein, euch erfreulichere aussuchen. Ihr eßt ja auch nicht jeden Tag das gleiche, und wenn euch etwas nicht schmeckt, laßt ihr es stehen und versucht was Besseres.

Mit den Gefühlsreaktionen, die euch nicht schmecken, macht ihr es jedoch nicht so. Du siehst vielleicht deine Freundin mit einem anderen Mann sprechen, und es macht dich ganz krank. Es gäbe auch andere Reaktionen, andere Möglichkeiten. Es gibt keinen großen Gott, der da gebietet, daß du wütend oder eifersüchtig werden und dich in Selbstmitleid ergehen mußt. Ihr habt bloß die Macht über euch selbst aufgegeben, und deshalb bitte ich euch, sie wieder selbst zu übernehmen. Zentriert euch in eurer Mitte — und wählt! Der leichteste, schnellste und spannendste Weg dorthin beginnt damit, *eure Gedanken zu beobachten.* Schaut die Gesichter an, die kommen und gehen. So viele eurer Entscheidungen stammen noch aus einer Zeit, als ihr knapp einen Meter groß wart. Ihr saht die Welt damals oft als einen angsterregenden Platz an, und auf diese Angst reagiert ihr noch immer. Jetzt bist du aber fast zwei Meter groß, leitest eine bedeutende Firma und bist ziemlich mächtig; aber sobald jemand daherkommt und irgendwas Negatives sagt, wirst du wieder zum ängstlichen kleinen Kind. Warum? Eure Reaktionen von damals müssen jetzt nicht wiederholt werden. Wenn ihr nur verstehen könntet, daß ihr buchstäblich eure eigene Welt erschafft, wäret ihr ganz aufgeregt ob eurer eigenen Möglichkeiten. Aber sie werden niemals Form annehmen, bevor ihr nicht selbst beschließt, sie zu sehen.

Du meinst, es sei sehr schwierig, *anders* zu wählen. Es *ist* aber möglich! Du siehst deinen Freund mit einem Mädchen sprechen, das viel aufregender ist als du. Alle die negativen Möglichkeiten kennst du, also denk' dir sofort ein paar positive aus, denn auch die gibt es. Und aus dem riesigen Repertoire unendlicher Möglichkeiten *kannst* du dir eine andere Reaktion aussuchen. Du tust es nur nicht, weil du immer noch glaubst, du könntest den anderen ändern. Du meinst also, wenn du von deinem Freund verlangst, daß er nicht mehr mit dem tollen Mädchen spricht, weil du dich sonst „schrecklich" fühlst, müsse er tun, was du verlangst. Vielleicht tut er's auch, und dann meinst du, du hast gewonnen. Aber du hast bloß deine eigene Macht an ihn abgegeben, weil du deine Verantwortung abgelehnt hast. Du mußtest dazu gar nichts tun, als *ihn* zu bitten, sich zu ändern. Solange du noch an der Idee festhältst, daß es dich „glücklich" macht, wenn du dein Universum manipulierst, wirst du dich bestimmt nicht verändern. Diese Art von Manipulation wird aber am Ende euch beide einsperren. Jetzt hat er nämlich ebenfalls das Recht, *dir* zu sagen, daß du etwas nicht tun sollst, was *er* nicht mag. Und du wirst verpflichtet sein, mitzumachen, denn jetzt besteht eine Art Vertrag zwischen euch. Ihr macht in euren Beziehungen laufend solche Verträge. Am Ende werdet ihr sehen, daß ihr euch Tag für Tag einschränkt und beide gleichermaßen eingesperrt seid. Wenn ihr in diesem Leben nur *eines* lernen wollt, dann laßt es folgende Wahrheit sein: *Ihr seid selbst für euer Glück verantwortlich.* Und ihr schafft das, indem ihr eure Reaktionen auf alle Ereignisse in eurem Leben revidiert.

Je mehr ihr meditiert, je bewußter ihr euch darüber werdet, was in euch vorgeht, je mehr ihr von Augenblick zu Augenblick lebt, umso mehr kommt euch die Kraft zu Hilfe, die alle Transformationen des Körpers, des Geistes und der Sichtweise hervorbringt. Sobald ihr mehr von dieser Kraft um euch verspürt, werdet ihr euch eurer Fähigkeiten zur Veränderung sicherer. Deshalb sage ich euch immer und immer wieder: Bitte, wenn ihr euch liebt, findet einen Weg, wie ihr zentrierte Bewußtheit üben könnt, denn aus dieser zentrierten Bewußtheit heraus könnt ihr eine Kraftgrundlage aufbauen, auf die ihr euch in Notfällen verlassen könnt. Ihr habt damit so etwas wie ein Bankkonto, von dem ihr abheben könnt, wenn die Dinge schwierig werden und ihr eine neue Reaktion wählen möchtet. Ein „schwacher Mensch" ist *nicht* in der Lage, sein eigenes Leben in die Hand zu nehmen. Deshalb baut euch die Kraft auf, verankert euch in eurer Mitte, bahnt bessere Beziehungen mit eurem inneren Selbst an. Erzeugt dieses Gefühl von innerer Kraft, dann *könnt* ihr etwas verändern, dann *könnt* ihr wählen, dann *könnt* ihr eine andere, „bessere" Auswahl treffen. In dem Maße, wie euer Körper und euer Geist sich zu verändern beginnen, geschieht etwas. Ihr seid doch keine Betonklötze! Ihr seid ein wunderbares Konglomerat von sich bewegenden Energiefeldern. Und wie diese Felder sich verschieben und verändern, verändert sich eure ganze Sichtweise und das Geheimnis des Lebens beginnt, sich euch zu erschließen. Und alles fängt damit an, daß ihr euch hinsetzt und den Mund haltet! Und lauscht und spürt und zulaßt und erlebt — mehr ist nicht nötig. Eines der größten Hindernisse zu eurem Glück ist die Ansicht, daß eure Welt euch unglücklich macht. Es ist *eure Reaktion auf eure Welt,* die euch unglücklich macht. Bitte, versteht das, so tief ihr könnt.

Haltet euch unter Kontrolle! Andere greifen euch deshalb an, weil sie sich freuen, wenn ihr euch schuldig fühlt; denn wenn ihr euch schuldig genug fühlt, werdet ihr vielleicht tun, was sie fordern. Welch ein Jammer, daß es nie damit getan ist, daß „die anderen" ihr Verhalten ändern — denn die anderen sind nun einmal *nicht* die Quelle eures Glücks.

Frage: Wählen Erleuchtete bewußt?

Der wahrhaft Erleuchtete wählt überhaupt nicht, weil er keinen Unterschied sieht zwischen dem einen oder dem anderen Weg und keinerlei Vorlieben hat. Der Erleuchtete weiß, daß er, die Wahl und jedes Ereignis eins ist, und es ist ihm gleichgültig, auf welcher Seite oder in welcher Stellung dazu er sich befindet. In diesem Zustand wird es also ein Leben ohne Wahl.

Zuvor gibt es jedoch noch eine andere Phase. Es ist nicht nötig, daß ihr auf eurer irdischen Ebene jene totale Erleuchtung erreicht. Vielmehr ist da ein anderer Zustand, zu dem viele von euch gelangen können und von dem würde ich gerne sprechen. Wenn ihr endlich gelernt habt, daß ihr selbst wählt, dann wählt ihr als erstes vermutlich Dinge, die euer eigenes Leben, eure Wahrnehmungsweise, eure eigene innere Beziehung zum Universum verbessern. Und ich klatsche Beifall — denn ihr entwickelt dadurch immer mehr innere Kraft. Das nächste Stadium ist, so zu wählen, daß man dabei zuerst das Wohl der anderen im Auge hat. Das ist der Bereich des wahren geistigen Lehrers, der sogar „Karma" oder „Krankheit" des Schülers auf sich nehmen kann. Dies ist ein Bereich des Dienens, in den ihr kommt, wenn ihr bereitwillig wählt, immer dem Wohle anderer zu dienen, selbst wenn ihr wißt, daß ihr darunter leiden werdet.

Dieses Wählen zugunsten anderer wäre aus dem Ego heraus wohl tatsächlich Sklaverei; jedoch als Wahl des inneren Selbstes und im Bewußtsein der vollen Verantwortung wird es zur wahren Hingabe. Und in diesen Dimensionen können viele von euch operieren. Ich will nicht behaupten, daß ihr gleich zum Avatar werden könnt, aber ihr könntet es, wenn ihr erst einmal total verstanden haben werdet, daß ihr wählen könnt, und anfangt, in jedem Augenblick selbst zu wählen. Irgendwann kommt dann der Tag, wo ihr für die anderen wählt. Und was ist dann mit euch?

In den Bereichen wahrer Hingabe entsteht ein Gefühl wahrlich unbeschreiblichen Friedens. Nicht, weil ihr dann so „heilig" seid, sondern weil ihr wißt, daß ihr schon im nächsten Augenblick wieder „für euch" wählen könnt — aber es ist euch nicht länger wichtig. Viele von euch sind dazu befähigt, und ich sage es euch zur Anregung. In ihnen habt ihr die weisesten Diener der Erde; sie dienen nicht, weil sie sich „gut" fühlen, sondern einfach, weil sie eine Wahlmöglichkeit gesehen haben und dem Impuls aus ihrem Wesen folgten, sie zu ergreifen, und sie haben es getan. Ich wiederhole: Viele von euch sind dazu fähig, und ich möchte euch bitten, gebührend darüber nachzusinnen, ob ihr euch dahin entwickeln wollt. Es wäre sehr willkommen.

Die Botschaft des heiligen Franziskus

19. Dezember 1982

Albuquerque, Neu Mexiko

Es ist die Zeit, wo ihr die Ankunft Christi auf der Erde feiert. Ich möchte jedoch heute nicht von Christus sprechen, sondern einen anderen „Christen" in den Vordergrund stellen, weil ich finde, daß er ein besseres Beispiel für euer eigenes Dilemma ist. Wer ist das, und warum wähle ich ihn?

Ich möchte von dem sprechen, den ihr den Heiligen Franziskus von Assisi nennt. Ich wähle ihn, und nicht Christus, weil wir in den vergangenen Monaten an der Idee gearbeitet haben, daß das, was ihr glaubt, eure Realität hervorbringt. Für Christus gab es jedoch keine Notwendigkeit, das, was er glaubte, zu ändern oder zu modifizieren. Er kam von einer Ebene des Verstehens, wo solche Modifikationen schon lange zurückliegen. Die Schwierigkeiten, die er vielleicht noch haben konnte, waren so geringfügig, daß ich finde, sie lassen sich mit den euren nicht so recht vergleichen. Seine Wesenheit war so groß, daß normale „Basisarbeit" nicht mehr nötig war. Für den heiligen Franziskus war das ganz anders. So kann er für viele Menschen eine enorme Hoffnung sein.

Wir haben ausführlich daran gearbeitet, zu verstehen, daß die Kraft der Unendlichkeit ständig durch euch und in die Welt hinausströmt und die Welt erschafft, so, wie ihr sie seht. Bevor diese Kraft Form und Materie annimmt, geht sie durch ein „Raster“, nämlich durch euer persönliches Glaubenssystem. Wenn wir vom heiligen Franziskus sprechen, dann sprechen wir von einem Mann, der wirklich vielen von euch sehr ähnlich war. Er hatte unerledigte Angelegenheiten auf der Welt — Wünsche, Wut, Lüste, alles Dinge, für die ihr euch so oft verurteilt. Und genau wie ihr beinhaltete auch er die unbegrenzten Möglichkeiten, zu dem Menschen zu werden, der er dann auch wurde. Ich meine aber keineswegs, daß ihr alle versuchen sollt, ein „heiliger Franziskus“ zu werden, ich will nur sagen, daß ihr wie er dieselben Möglichkeiten habt, euer Glaubenssystem zu verändern, so daß ihr mit dem in euch verborgenen Wissen in Berührung kommt, daß Gott existiert. Darum geht es! Der einzige Unterschied zwischen euch und dem heiligen Franziskus ist der, daß er erfuhr, daß Gott existiert, und daß er wußte, daß er mit dieser Wirklichkeit jederzeit in Berührung sein konnte. *Er wußte es* mit der ganzen Kraft seines Seins. Diese Möglichkeit habt auch ihr und deshalb seid ihr ihm ähnlich.

Franziskus hatte als Jugendlicher dieselben Gelüste wie ihr, dieselbe Gier; auch er wollte beliebt sein, er trank, liebte die Frauen, Vergnügen, Aufregung und Macht. Und als ihm bewußt wurde, daß ihm das alles nicht die Freude brachte, die er sich davon erwartet hatte, trieb er es noch viel extremer, trank noch mehr, „sündigte“ noch mehr und peitschte alle seine Gelüste zum Exzeß. Durch dieses Übertreiben seiner sogenannten „sündigen“ Seite wurde er sich jedoch bald der Schranken bewußt, die sein menschliches Bewußtsein zu überwinden hatte.

Seine Philosophie war ungefähr: „Es ist mir nicht möglich, ein ‚guter‘ Mensch zu sein, weil ich alle diese Unvollkommenheiten habe, also werde ich eben ein ‚vollkommener' Sünder! Ich treibe alle meine Mängel auf die Spitze, vielleicht erreiche ich durch diese ,Vollkommenheit' irgendeine Art von Freude und Harmonie in meinem Leben." Letztendlich fand er jedoch, daß er noch immer nicht hatte, was er suchte, und in seinem Kopf entstand ein Dilemma. Ich hoffe, daß etwas ähnliches auch in euch entstehen wird! Ihr wollt nicht immer liebevoll oder freundlich sein, und eure Begierden zu befriedigen hat euch nur wenig „Glück" eingetragen — wohin könntet ihr euch also wenden, um jenen innersten Frieden und jene Freude zu finden, die ihr so heftig sucht? Franziskus wählte einen sehr sinnvollen Weg. Trotzdem, ich will ihn euch nicht „empfehlen", sondern eben als Beispiel erzählen.

Franziskus beschloß (und das sage ich ganz nüchtern) auf einer sehr tiefen Ebene, sich der Realität des Todes zu stellen. Er wählte eine starke und machtvolle Krankheit, und als er bereits sterbenskrank war, begannen die Grenzen seines Denkens zu zerfließen, und in der Hitze des Fiebers begriff er etwas. Er sah ein, daß er „Gutsein" mit „Liebe zu Gott" gleichgesetzt hatte, daß die beiden jedoch überhaupt nicht dasselbe waren. Man kann Gott lieben, ohne „gut" zu sein. Und man kann sehr „gut" sein und Gott überhaupt nicht lieben! Franziskus begriff, daß seine Liebe zu Gott davon abhing, *wie sehr er danach verlangte,* Gott zu lieben. Es war ein unglaublich wichtiger Augenblick, als er erkannte, wie irrig sein Glaube gewesen war. *Man liebt Gott dadurch, daß man Gott liebt,* durch nichts anderes. Dann tauchte inmitten seines Fiebers die Frage auf: „*Wie* kann ich Gott lieben? Wie?" Man darf nicht vergessen, daß dieser Mann „christlich" aufgewachsen war, aber in einer Gesellschaft, die man nur oberflächlich „religiös" nennen kann. Und seine Freunde waren ebenfalls alles andere als tief religiös. Seine Mutter repräsentierte mehr ein Dogma kirchlicher Lehren, als daß sie ihm eine Manifestation göttlicher Liebe vorgelebt hätte.

Franziskus fand heraus, daß er sterben wollte, würde er nicht einen Weg entdecken, wie er Gott lieben könnte. Er wollte nicht mehr leben, ohne Gott zu lieben — aber wie, das wußte er nicht! Ich würde sagen, daß dies ein sehr günstiger Bewußtseinszustand ist — klar das Paradox zu sehen, daß man lieben *will,* aber nicht zu wissen, *wie.*

Der Kampf ging tagelang weiter. Das Fieber wurde stärker, die Angst nahm zu und ebenso die Hoffnungslosigkeit. Schließlich, eines frühen Morgens, als es gerade erst dämmerte, hörte Franziskus vor seinem Fenster einen Vogel trillern — aber er hörte ihn total anders als sonst. In der Kraft dieses Vogelzwitscherns verstand er! Er verstand, wie man Gott lieben kann, daß der *einzige* Weg ist, Seine Stimme in *allem* zu hören: im Gesang der Vögel, im Schrei des Sterbenden, im Toben des Verrückten, in der Verzweiflung der Leprakranken, im Lachen der Kinder und der Liebenden — *das war der Weg, Gott zu lieben!* Nun wußte er mit absoluter Sicherheit, daß es keinen Unterschied gibt zwischen all diesen Lauten und „der Stimme Gottes" — daß sie alle die Stimme Gottes *sind.* Er hatte geirrt, als er Gott außerhalb der erschaffenen Welt wähnte, außerhalb der Geräusche des Lebens, außerhalb seiner selbst! Diese erste Lektion vergaß er im ganzen Leben nie mehr. Wollen wir Franziskus als „erleuchtet" bezeichnen, dann kam seine Erleuchtung daher, daß er so völlig „gewöhnlich" war — und sich daraus so völlig ungewöhnlich entwickelte. Er konnte von diesem Augenblick an nie mehr irgendeinen Hilferuf als getrennt von der Quelle betrachten — und jetzt wußte er, daß sie wirklich ist.

Es hat einige Mißverständnisse über Franziskus gegeben, und eines davon betrifft seine Beziehung zu seinem Vater. Man sagt, sie seien verfeindet gewesen. Doch seit Franziskus diese neue Wahrnehmung erlangt hatte, wußte er auch, daß Gott in jeder Stimme spricht, und so konnte er die Stimme seines Vaters nicht ablehnen, als dieser ihm befahl, das Haus zu verlassen. Franziskus sagte: „Ja, Vater, ich höre dich. Danke, daß du mir den nächsten Schritt zeigst." Er sagte nicht: „Wie kannst du es wagen?", sondern: „Ich höre dich." Und so ging er.

Als er mit seinem Leben allein begann und den Befehl des Herrn in sich hörte: „Bau' meine Kirche wieder auf!", da wußte er, daß mehr als eine Ebene gemeint war. Aber als er die Stimme hörte, schien es naheliegend, eine Kirche aus Steinen und Mörtel zu bauen und darauf zu vertrauen, daß damit noch etwas anderes entstehen würde — eine andere „Kirche", auf einer anderen Ebene. Franziskus fragte niemanden um Rat, er bat nicht einmal den Papst um Erlaubnis, sondern beschloß, einfach zu tun, was zu tun war. Ich möchte euch bitten, so auch euer eigenes Leben zu überdenken. Wollt ihr wissen, was Gott von euch erwartet, dann fragt, und *ihr werdet es wissen.* Und *wenn* ihr es wißt, dann wartet nicht länger, sondern handelt. Es gibt niemanden, der nicht heute damit anfangen könnte, irgendeine Art von Kirche zu bauen oder zu erneuern. Niemanden, der nicht irgendeinen Teil in sich hat, der einer „Reparatur" bedürfte. Wartet nicht, bis ihr irgend etwas Spektakuläres tun könnt, sondern tut das Naheliegende. Bitte, die Lektion ist ganz einfach. Wenn ihr etwas wieder aufzubauen habt, dann fangt damit an; egal, wie unscheinbar es vielleicht sein mag, wie alltäglich oder wie kompliziert. Und wenn ihr wissen wollt, was eure „unvollendete Kirche" ist, dann *fragt* einfach!

Franziskus verläßt also sein Elternhaus und zieht allein hinaus und merkt, daß von der Trennung, die ihn so lange verwirrt hatte, nichts mehr da ist. Viele Menschen finden ihn seltsam, weil er von dieser einen großen Erkenntnis redet, zu der er gekommen ist, daß *Gott in allem ist.* Er spricht mit dem „Bruder Wind", dem „Bruder Himmel"; er spricht mit den Vögeln, den Tieren, den Insekten, mit allem. Viele halten ihn für verrückt, aber wenn ihr selbst diese neue, grundsätzliche Einsicht findet, versteht ihr, warum er sie so ausdrückte. Im Wehen des Windes und mit den Sonnenstrahlen auf seiner Haut *wußte* er, daß Gott ihn liebkoste; er *wußte,* es war Gottes Atem, der ihn berührte, er *wußte,* daß Regen und Schlamm der Gott auch in ihm sind. Und wenn er die Stimmen der Tiere hörte, *wußte* er, daß darin die Eine Stimme sprach und daß es keine Trennung gab oder jemals geben konnte. Er umarmte die Aussätzigen, nicht weil er mutig war, sondern weil er keinen Unterschied zwischen sich und ihnen sah!

Franziskus ist nicht „mutig"; es ist kein Franziskus mehr da, der mutig sein könnte, nur noch Gott, der Gott begegnet, in all den vielen Aspekten des Lebens. Die Leute hielten ihn für allzu bescheiden, wenn er ihnen sagte, es sei wirklich nicht schwer. Und es *ist* nicht schlimm zu frieren, wenn man weiß, daß die Kälte Gott ist. Es *ist* nicht schlimm, einen Stein an den Kopf zu bekommen, wenn man weiß, daß der Stein Gott ist. So lebte er für den Rest seines Lebens in diesem tiefsten Verständnis, daß *nichts getrennt ist.* Die Leute sagten auch, er sei ungewöhnlich, weil er sich nicht vor dem Tod oder vor dem Verhungern fürchtete. Er antwortete: „Wie kann ich den Tod fürchten, wenn der Tod und ich eins sind?" Die meisten hielten ihn für sehr erhaben und sehr heilig, weil er so bescheiden war. Aber er wollte von alledem nichts hören. Er selbst fand sich weder heilig noch demütig; er begriff sich als *alles* und gleichzeitig als *nichts*.

Wenn wir nun diese frühe Zeit hinter uns lassen, kommen wir zu einem Thema, das ich sehr gerne besprechen möchte, und das ist natürlich das Thema der Wundmale. *Glaube erschafft Realität.* Franziskus betete unentwegt in seinem Leben nur um dieses eine: ganz und gar am Leben seines Geliebten teilhaben zu dürfen — und sein Geliebter war der gekreuzigte Christus. Er wußte in seinem Innersten, daß sein Leben nicht vollständig wäre, bis er nicht ebenso gelitten hätte. Er wußte, daß die Wundmale nicht nur schmerzhaft sein würden, sondern daß es in einer Welt, in der solche Verwirrung herrschte, auch keineswegs ungefährlich sein würde, damit herumzulaufen. Dennoch betete er Tag für Tag: „Laß mich auch das mit Dir teilen!" Seid euch darüber im klaren, daß er die Wundmale nicht erhalten hätte, wenn er um etwas anderes gebetet hätte. Er *verlangte* nach den Wundmalen — nicht als einem äußeren Zeichen für seine „Heiligkeit", sondern als das endgültige Verschmelzen seines Herzens mit dem Herzen Christi; nur darum betete er. Hätte er sich nach etwas anderem gesehnt, gewiß hätte er es manifestiert! Ihr bekommt immer das, worauf ihr euer Bewußtsein konzentriert! Wenn ihr von Franziskus irgendetwas besonders einprägsam lernt, dann ist es die Macht des Geistes über die Materie. Er steht als Beispiel für den Sieg des Glaubens über die Materie. Denkt darüber nach! Hier ist jemand mit einem ganz normalen Körper, nicht anders als eurer, doch eines Tages auf einem Berg, als Antwort auf Tage und Nächte mit Fasten und Beten, mit Tränen und Warten, erscheint etwas neues an seinem Körper; das, was ihr jetzt „Wundmale" nennt. Er spürte die Energie aus der Unendlichkeit auf dem Berg in sich einströmen und er wußte ohne jeden Zweifel, daß er, erfüllt und durchspült vo diesem Lichte, nie mehr derselbe sein wird. Und er *kann* noch nicht wissen, was sich da verändern wird! Er könnte auch verrückt werden, oder blind, oder taub oder so schlimm versengt, daß er sich nie mehr bewegen kann. Doch er *weiß*, worauf er sich einläßt! Er hört eine Stimme, liebevoll und gewaltig: „Willst du ganz und gar in mein Herz eintreten?" und frei antwortet er: „Ja, ich *will.*" Denkt daran, er weiß, daß in *einem* Augenblick alles verwandelt sein kann — in Dunkelheit und Schmerz oder in Licht und Freiheit. Und er sagt: „Ja, nimm mich! Ich kann ohne Dich nicht leben. Mach' mit mir, was Du willst!"

An diesem Punkt beweist Franziskus seinen Mut wirklich, nicht vorher. Das ist *echter* Mut, denn Franziskus ist der einzige, der die Macht dieser Energie kennt! Seit Jahren hat er sie erlebt, erst langsam, aber immer rascher werdend, und nun sieht er diesen Wirbel von Kraft und weiß, daß er alles mit ihm tun könnte. Die Kraft dringt in ihn ein, und die Wundmale sind da.

Gott tut nichts ohne eine bestimmte Absicht; warum verlangte Er also von diesem Geliebten (und er war ein Geliebter, so wie wir alle) für den Rest seines Lebens diese blutenden Wunden zu tragen? Es waren sehr schmerzhafte Wunden, besonders in der unsauberen Welt von damals. Warum also? Sie sind ein Symbol, damals wie heute. Ihr glaubt noch immer, daß ihr der Körper seid, und daß euer Körper ein eigenes Leben hat; und ihr glaubt nicht wirklich an die Macht spirituellen Denkens. Franziskus möchte euch sagen: Womit ihr euch befaßt, *werdet ihr erhalten!* Wenn also er die Macht hatte, Wundmale herbeizurufen, warum sollte es dann nicht möglich sein, daß *ihr* in euch ebensoviel Macht habt, das Licht herbeizurufen, nach dem ihr sucht? Wenn er sogar die dichte Materie seiner Zellstruktur verändern konnte, könnt dann nicht auch ihr *eure Realität* neu erschaffen? Eine der mächtigsten Kräfte, die ihr habt, ist euer Denken. Und ich möchte euch bitten, dazu noch etwas von Franziskus zu hören.

Es ist nicht nötig, die Äußerlichkeiten seines Lebens zu wiederholen, aber es *ist* wichtig, daß ihr an seinem Beispiel die erstaunliche Macht begreift, die ihr habt — und nicht benutzt. Denkt einmal darüber nach, was mit diesem Mann geschah. Ein ganz gewöhnlicher Mann mit einem sehr ungewöhnlichen Verlangen! Auch ihr habt vermutlich ein ungewöhnliches Verlangen — und was immer dieses Verlangen ist, es manifestiert sich jetzt in eurem Leben! Wenn ihr Gott kennen möchtet, dann ist Franziskus ein gutes Beispiel für euch. Ihr *könnt* diesen Weg gehen, es ist der innere Weg. Was er im Äußeren machte, ist nicht so wichtig, aber es ist unendlich bedeutungsvoll, was er im Inneren tat. Und genau *das* könnt ihr auch tun. Wenn ihr Gott kennen wollt, könnt ihr ihn kennen — aber ihr müßt den Wunsch zu einem ungewöhnlichen Verlangen werden lassen! Ein Weg ist, zu wissen, daß ihr mit jedem Wort, das ihr mit anderen wechselt, mit Gott redet. Wird das von euch verlangt? Wenn ihr Gott so kennen wollt, wie Franziskus ihn kannte, vielleicht ja.

Denkt daran, was Franziskus begriff, als er den Vogel singen hörte: Gottes Stimme spricht durch Tiere und Menschen und durch alles — auch durch die Stadtleute. Sie beschimpften ihn, weil ihre prächtigen Söhne diesem „Wilden" folgten. Franziskus war kein „bezaubernder" Mann. Es gäbe auch heutzutage sicherlich viele Häuser, wo man ihn nicht einmal an der Hintertüre empfangen würde! Wahrscheinlich roch er nicht sehr gut, und worüber er sprach, verstanden die Stadtleute schon gar nicht. Es ist auch schwer, jemanden zu verstehen, der sagt, Gott spricht in den Vögeln oder durch den Wind. Und wenn ihre Söhne, in die sie alle Hoffnungen gesetzt hatten, sich einem so seltsamen Menschen anschlossen, nur um zu lachen, zu beten, zu singen und zu reden, was sollten sie da tun?

Franziskus mag jetzt geliebt und verehrt werden, aber damals liebten sie ihn gewiß nicht! Die Leute sahen in ihm eine Gefahr für ihr Familienleben — dazu kam noch etwas, worüber nur selten berichtet wird; daß Franziskus dauernd in Lebensgefahr schwebte, weil ständig wütende Familien kamen, um ihre Kinder wieder zurückzuholen. „Dieser verrückte Kerl ist zu lange in der Sonne gesessen. Leg' dir ein Geldstück auf den Kopf, mein Sohn, das wird dich abkühlen. Komm nach Hause!" So schmeichelten sie, so befahlen sie. Franziskus erkannte die Gefahr seiner Lage und beschloß, das Problem vor den Papst zu bringen. Er war um die Sicherheit seiner Brüder besorgt.

Franziskus reiste nach Rom zum Papst. Über diese Phase ist viel Unsinn geschrieben worden, aber etwas geschah tatsächlich: Bevor Franziskus im Vatikan, wie er jetzt genannt wird, eintraf, hatte der Papst seltsame Träume und Gefühle, die sich um einen Menschen drehten, der sich dann als Franziskus herausstellte. Warum? Franziskus war im Geiste nicht „getrennt" vom Papst, und er war auf dem Weg, um mit dem heiligen Vater zu sprechen, deshalb wußte der Papst, wie alle guten Väter, daß sein Sohn kam. Wie negativ ihr vielleicht über jene Päpste damals denken mögt, Tatsache ist dennoch, daß sie ein gewisses geistiges Verständnis hatten, und eine der wichtigsten Kräfte im

Verstehen der damaligen Zeit war die „Kraft der Vision“. In jenen Tagen wurden Träume und Visionen hochgeachtet. Der Papst und seine Umgebung reagierten also auf diese Visionen, und ihre Botschaft war ganz klar: Da kam jemand mit einer Bitte, die ihnen zwar nicht gefallen würde, doch sie sollten ihr dennoch Aufmerksamkeit schenken. Nicht mehr als das, aber es genügte. Ihr müßt verstehen, daß Franziskus ganz einfach nicht zum Papst gelangt wäre, wenn „andere“ ihm nicht den Weg geebnet hätten. Ich weiß nicht, wie *ihr* euch das vorstellt, aber man geht auch jetzt nicht einfach zur Tür hinein und bittet, den Papst sprechen zu dürfen, und wird zu ihm geführt. Damals war das erst recht ein Ding der Unmöglichkeit.

Als Franziskus kam, begriff der Papst etwas. Er konnte „sehen“, nicht nur das Physische, sondern die Energie. In jenen Tagen beteten die Päpste, sie beteten sehr viel. Sie beteten viel mehr als jetzt, denn sie hatten viel weniger Arbeit, viel weniger Bürokratie um sich herum, und ein Weg, zum „Sehen“ zu gelangen, ist das Gebet. Der Papst war kein Narr. Bitte, macht euch keine Klischeevorstellung von jenen Menschen und Ämtern. Dieser Papst war ein Mann des Gebets, und er trug die Last seines Amtes nicht leicht. Er spürte etwas, als Franziskus und seine Anhänger bei ihm waren — er spürte ihre Kraft, und er verstand, daß Franziskus jener Mann war, den er in seinen Visionen gesehen hatte. Und er gefiel ihm wirklich nicht, nein! Ein Gesuch wird ihm vorgelegt, daß Franziskus und seine Anhänger als religiöser Orden anerkannt werden wollen. Der Papst hat eigentlich Angst, denn die Kräfte um seinen Thron sind dagegen. Aber jetzt wird er mutig. Er sagt: „Ja, ich tu's. Ich mache dich zu einem wahren Arm Gottes. Ich *tue* es!“

Das Wichtigste an dieser Entscheidung ist nicht die Entstehung des Franziskanerordens; aber Franziskus mußte sich von diesem Tag an nicht mehr um seine Brüder sorgen, er wußte, daß sie in Sicherheit waren. Jetzt war er frei, sich ganz seinem inneren Gebet hinzugeben. Seine Sorge galt nie sich selbst, sondern er war besorgt, was mit anderen geschehen würde. Jetzt war er bereit, den Weg anzutreten, der auf jenem Berge endete.

Was hat das alles nun mit euch zu tun? Vielleicht bringt euch das Beispiel dazu, alles, was euch Angst macht, wirklich anzuschauen und abzuwägen, ob es euch bei eurem Weg auf den Berg der Freiheit im Wege steht. Wenn ihr die Bereiche kennt, in denen eure Ängste wurzeln, und wenn ihr seht, daß die Zeit, die ihr euch mit diesen Dingen abquält, verschwendet ist, dann bringt euch das vielleicht dazu, eure Geschichten jetzt in Ordnung zu bringen, damit sie für immer gelöst sind und ihr Ruhe davor habt. Bis dahin wird der Teil eures Bewußtseins, der Angst hat, sich weiterhin in Ängsten bewegen, und ihr könnt nicht ganzherzig sein.

Wir wollen uns wieder Franziskus zuwenden, seiner letzten Phase in diesem Leben. Die Wundmale machen ihm Unannehmlichkeiten, aber er kann sie nicht verbergen. Er tut, was er kann, um es für sich zu behalten, aber Neuigkeiten verbreiten sich schnell, und bald weiß jeder davon. Und wohin er auch kommt, selbst in die kleinsten Dörfer, kommen die Leute — nicht, um ihn von Gott sprechen zu hören, sondern um seine Wundmale zu berühren. Von den Wundmalen angezogen, hören sie dem Manne zu. Es geht ihm in dieser Zeit nicht gut, aber es ist ihm gleichgültig — Gesundheit oder Krankheit ist dasselbe. Und Tag für Tag betasten die Neugierigen seine blutenden Wunden.

Die Möglichkeit, sich zurückzuziehen, sich abzuschirmen und vor den gewöhnlichen Leuten seiner Welt zu verbergen, sich zu pflegen und alles ein wenig leichter zu machen war eine ständige Versuchung, nahegelegt von seinen Mitbrüdern. Seine Antwort blieb immer gleich: „Gott hat mir das nicht für mich allein gegeben! Entweder teile ich es mit allen, oder es hat alles keinen Sinn!" Und so, wenn ihr euer eigenes Leben durchforstet, könnt ihr sehen, daß es keinen Menschen gibt, der nicht irgendeine Gabe hätte. Nicht einen. Wenn ihr wählt, eure Gaben sicher und bequem für euch zu behalten, dann ist das die eine Möglichkeit. Aber jedesmal, wenn ihr eure Gaben mit anderen teilt, was immer es ist — Krankenpflege, Therapie, Lehren, Malen, Kindererziehung, was auch immer — jedesmal, wenn ihr — ganz gleich, wie unbequem das für euch sein mag — eure Gaben von ganzem Herzen teilt, berührt ihr Gott. Ihr *habt* diese Gaben bekommen, um sie zu teilen. Nicht nur, wenn es bequem für euch ist; sondern weil ihr wißt, daß ihr, wenn ihr diese Gaben teilt, euer Leben nicht für euch selbst lebt, sondern für alle. Wer noch keinen Sinn im Leben sieht, möge sich das besonders zu Herzen nehmen. Euer Leben wird *nichts* wert sein, bevor ihr nicht lernt, anderen zu dienen. Ein egoistisch gelebtes Leben macht niemals glücklich!

So kommt Franziskus' Ende, und ich kann euch versichern, daß die Brüder sicherlich traurig waren, aber Franziskus selbst war nicht traurig. Und noch aus seinem Tode ist etwas zu lernen: Als er hinüberging, weinten seine Brüder, und einige, die so lange mit ihm auf dem Wege waren, baten ihn, zu bleiben. Franziskus fragte sie, warum. „Weil wir dich lieben! Wir lieben dich! Wir werden dich vermissen!" Und er antwortete: „Ihr habt noch nicht viel gelernt, nicht wahr?" Sie wunderten sich und fragten, was er damit meinte. „Ich dachte, ihr wüßtet es. Es ist *alles eins!* Tod und Leben, alles ist eins! Ich dachte, ihr wüßtet es. Wenn Gott im Wind ist, ist er dann nicht auch im Tod? Wenn aller Raum erfüllt ist, werdet ihr jemals leer sein? Wenn ihr ein Teil von allem seid, wie kann je etwas von euch genommen werden? Wie könnte *jemals* etwas von euch genommen werden?" Aber sie verstanden ihn auch dann nicht.

Erst, als er gegangen war, begannen einige seiner Vertrautesten, ihn besser zu verstehen. Jetzt saßen sie unter den Bäumen und hörten den Wind, und wußten plötzlich, daß das Rauschen des Windes nicht von Franziskus getrennt war. Und sie fühlten sich getröstet. Wenn sie in der Sonne saßen und ihre Wärme spürten, erinnerten sie sich an sein Lied von ihr, und sie wußten, daß auch die Sonne nicht von Franziskus getrennt war, und es ging ihnen besser. Wenn sie die Kranken pflegten, wußten sie, daß auch er da war, und fühlten sich besser. So gab er in seinem Tode die vielleicht größte Lehre — nämlich die, *daß ihr nie getrennt werden könnt,* ganz egal, was eure Augen euch sagen und was euer Schmerz euch sagen möchte. Ihr könnt *nie* von dem getrennt werden, was ihr liebt. Deshalb liebt ganz und gar — und im Lieben kann euch niemals mehr irgend etwas genommen werden.

Der Tröster

15. Dezember 1985

Albuquerque, Neu Mexiko

Es ist unsere Beobachtung, daß die Zeit, die jetzt herankommt, für euch sowohl eine große Freude als auch ein Dilemma darstellt. Ihr seid voller Vorfreude, und das Dilemma ist, daß sich das, worauf ihr euch so freut, nicht einstellt. Ihr freut euch und ihr erwartet, daß an einem bestimmten Tag das Christusbewußtsein in euch geboren werden wird, und ihr geht darauf zu und dann verändert sich an dem Tag, wo diese Geburt stattfinden sollte, überhaupt nichts. Wir hoffen, euch heute an ein Geschenk zu erinnern, das euch vor langer Zeit gegeben wurde. Wir bitten euch, daß ihr euch an dieses Geschenk erinnert und uns erlaubt, euch zu sagen, wie ihr in der Schönheit und in dem Wunder eures eigenen Seins dieses Geschenk so manifestieren könnt, daß ihr ohne jeden Zweifel wißt, daß ihr nicht allein seid, und daß die Geburt, auf die ihr wartet, schon stattgefunden hat.

Ich möcht euch zu diesem Zwecke eine Botschaft vorlesen, die euch vor fast zweitausend Jahren von einem eurer alten Freunde namens Jesus gegeben wurde. Er gab sie euch zu der Zeit, als er wußte, daß er die physische Ebene bald verlassen würde und euch in seiner großen Liebe etwas hinterlassen wollte. Die Botschaft ist an seine engsten Freunde gerichtet:

„Und ich werde den Vater bitten, und Er wird euch einen

andereren Tröster geben, der für immer bei euch bleiben wird. Es ist der Geist der Wahrheit, den die Welt nicht empfangen kann, weil sie ihn nicht sieht und auch nicht kennen kann. Aber ihr werdet ihn kennen, denn er wohnt bei euch und wird in euch sein. Ich lasse euch nicht ohne Trost zurück. Der Tröster, welcher der Heilige Geist ist, den der Vater in meinem Namen senden wird, wird euch alles lehren und euch alles ins Gedächtnis rufen. Euer Herz soll nicht betrübt sein und sich nicht ängstigen, denn ich bin immer bei euch."

Ihr könnt meiner Meinung nach diese Aussage auf zweierlei Art entgegennehmen. Entweder, ihr entscheidet euch zu glauben, daß der, der da spricht, auf der Höhe seiner Arroganz war und nicht wußte, was er sagte; oder, daß er wohl auf irgendeine Weise eine vertraute Beziehung zu der Energie hatte, die er „Vater" nennt, und schon vorher wußte, daß ein Energie-Austausch stattfinden würde, und daß dabei der Menschheit etwas Dauerhaftes, Ewiges und dennoch absolut Erreichbares geschenkt würde. Der „Tröster" ist seitdem immer bei euch gewesen. Vielleicht hat es euch verwirrt, einerseits ein Gefühl des Trostes zu haben und andererseits den Schmerz, die Angst und die Schwierigkeiten eures täglichen Lebens zu spüren. Viele Menschen haben sich die einfache Frage gestellt: „Wozu sind wir hier?" Diese Frage läßt sich endlos verschieden beantworten. Ich möchte euch *eine* Antwort anbieten, die tief mit dem Bild des Trösters übereinstimmt.

Jedesmal, wenn einer von euch einen persönlichen Schicksalsschlag erleidet, etwa den Tod eines Kindes, und siegreich wieder aus dem schmerzlichen Abgrund heraufttaucht, hat er dieser irdischen Ebene ein höheres Niveau von Mut gegeben, als sie es vorher hatte. Jedesmal, wenn einer von euch die größten physischen Schmerzen mit Würde und Humor übersteht, trägt er zur Macht und zum Wunder eures gesamten Planeten bei. Jedesmal, wenn ihr die Wahl habt, wütend zu werden, und euch stattdessen entscheidet, verständnisvoll zu sein, habt ihr zur Gesamtsumme von verfügbarer Kraft, Mut und Weisheit beigetragen, die diesen Planeten erhält. *Jeden Tag eures Lebens lebt ihr dafür, irgendeine Art von Kraft zu erzeugen,* und diese Kraft ist nichts geringes. Sie reicht weit über eure eigenen Leben hinaus und hinein in das Planetensystem und sie gibt anderen Wesenheiten Mut, wenn sie ihn brauchen. Sie gibt eurer ganzen Rasse ein weitreichenderes Gefühl dafür, was sie *ist*. Eure Aufgabe ist also, wenn man das so sagen will, der menschlichen Rasse auf jede nur erdenkliche Weise Kraft zu vermitteln. Die Siege, die ihr dabei jeden Tag erringt, so klein oder so riesig sie sein mögen, sind das, wofür ihr hier seid. Ihr seid *nicht* hier, um irgendwelche geheimnisvollen Grade an „Vollkommenheit" zu erlangen. Tagtäglich habt ihr viele Chancen, mit eurer Entschlußkraft zum Wunder, zur Kraft und zur Bewußtheit beizutragen und damit die Schwingungsfrequenz des ganzen Erdenexperiments zu erhöhen, jetzt und in die Zukunft hinein. Euer Leben hat einen täglichen Sinn, aber er ist nur sehr selten riesig oder spektakulär. Keine Engel, die in eurem Wohnzimmer tanzen! Alles hat mit dem Wissen zu tun, daß ihr Generatoren von Kraft seid, und daß es sehr wohl einen Unterschied macht, ob ihr Kraft erzeugt oder nicht. Schwieriger wird es, wenn die Kraft, die ihr beitragen könnt, euren eigenen Maßstäben nicht genügt. Es *gibt* diese Momente, wo ihr euch grämt, weil ihr nicht die Wahrheit sagen könnt oder euer Selbstmitleid nicht überwinden könnt, weil euch irgendeine Angst davon abhält. Irgendwie seid ihr dann in solchen Augenblicken nicht offen genug, um eurem eigenen hohen Standard gerecht zu werden. Und in solchen kritischen Momenten möchte ich euch bitten, euch jenem Geschenk, von dem wir gerade gesprochen haben, tief zu öffnen.

Für viele von euch ist der Tröster, der Spirit, nichts als eine intellektuelle Übung. Ihr hört die Worte und geht wieder euren eigenen Angelegenheiten nach. Der Tröster hat es sehr schwer, die zu erreichen, die vor ihm flüchten, meine Freunde. Der Tröster ist, in meiner Ausdrucksweise, eine unglaublich weite Energiequelle, die mit eurem eigenen Energiefeld in einer elektromagnetischen Verbindung steht. Innerhalb des physischen Apparats, den ihr euren Körper nennt, habt ihr in der Zellstruktur einen elektromagnetischen Magneten, der euch mit dem elektromagnetischen Feld verbindet, das wir die Kraft des Trösters nennen wollen. Der Schalter, der diese Verbindung in Schwung bringt, ist *eure Entscheidung dazu.* Ihr könnt in einem Zimmer mit einem voll funktionsfähigen Fernseher sitzen, doch wenn ihr das Gerät nicht einschaltet, geschieht gar nichts. Ihr erwartet das auch nicht, denn ihr wißt genau, daß ihr dafür verantwortlich seid, es zu tun oder zu lassen. Also ersuche ich euch nun, all dieses schöne Wissen um euren Fernseher zu benutzen und es auf etwas Weitreichenderes zu übertragen. Sagt laut, klar und deutlich: „Ich erkläre mich für verantwortlich, diesen wunderbaren Strom einzuschalten.“ Viele von euch tun es, und ich bin dankbar dafür. Ich bin euch dankbar, weil ich möchte, daß ihr glücklich seid, aber ich bin auch deshalb dankbar (und das ist genau so wichtig), weil ihr jedesmal, wenn ihr das tut, letztlich Menschen helft, die eurer Sicht weit entrückt sind. Ihr möchtet der Welt dienen, aber in eurem Kopf hat dieser

Wunsch einen Beigeschmack von etwas reichlich Phantastischem. Wollt ihr der Welt in einem Sinne dienen, wie ich ihn meine, dann wählt und entscheidet ihr jeden Tag ganz bewußt „einzuschalten“, den magischen Strom in Gang zu halten und zu wissen, *daß* die Verbindung hergestellt wird, wenn ihr euch erinnert, was der Tröster bedeutet — und daß damit die Energiefelder um euch her anfangen, mehr Kraft zu speichern und auszustrahlen. Euer Leben verändert sich damit zuerst von innen, nicht von außen.

Manche von euch leiden unter enormer Langeweile. Langeweile läßt sich leicht durch mehr Kraft, mehr Energie überwinden. Meistens tut ihr das, indem ihr in die Welt hinausgeht und eure Energiebeziehungen verändert — neue Arbeit, neue Liebhaber, neues Auto oder was auch immer. Das ist in Ordnung. Es kann euch aber teuer kommen und deshalb möchte ich etwas vorschlagen, was ein wenig näherliegt. Was ihr wirklich wollt, wenn es euch langweilig ist, wäre doch, das Leben auf ganz neue Weise zu spüren, euch dynamisch und bewußt stark und weit — eben lebendig — zu fühlen. Ihr wollt die Lebenskräfte so stark in euch prickeln fühlen, daß dieses bloße Gefühl, egal, was ihr sonst noch tut, euch schon verwandelt. Und das ist es genau, was es heißt, „die Erinnerung an den Tröster anzuschalten“. Ich weiß, am Anfang ist es schwierig; wenn nicht sofort etwas geschieht, seid ihr schnell entmutigt und stellt nicht einmal mehr die Verbindung her. Aber die Lehrer wie Christus sind sich alle einig: *Bleibt beharrlich und ihr werdet den Tröster spüren.* Ihr werdet ihn nicht denken, ihr werdet ihn fühlen und ihr werdet es wissen. Der Tröster wird beginnen, sich in euch zu bewegen und zu verankern. Doch wiederum liegt die Wahl bei euch. Wir könnten nicht aus einer anderen Bewußtseinsebene kommen und uns in euer elektromagnetisches Feld hineindrängen — das wäre ein Übergriff auf eure Privatsphäre und nicht zulässig.

Wenn wir also vom Tröster als einer Art von Energie sprechen und ihn nicht als irgendeine stereotype Form betrachten, dann umgehen wir eure vorgefaßten Ideen über ihn. Sobald wir von „Form" sprechen, gibt es schon wieder Schwierigkeiten. Ihr alle habt eine Form, und etwas wißt ihr über Formen ganz bestimmt, nämlich, daß sie euch manchmal „mögen" und manchmal „nicht". Manchmal gefallt ihr ihnen und manchmal nicht. Manchmal lieben und manchmal verlassen sie euch. Form ist für euch deshalb etwas Unzuverlässiges. Wenn ihr an „Form" denkt, aktiviert ihr sogleich ein Widerstandsmuster in euch. Nicht bewußt, natürlich. Aus den Tiefen eures Bewußtseins schwappen Erinnerungen hoch an alle die vielen Gelegenheiten, als Formen euch enttäuscht haben. Sie enttäuschen euch immer und immer wieder, deshalb schirmt ihr euch ab und baut Barrieren auf. Also, denkt bitte nicht an eine Form, wenn ich euch bitte, euch mit dem Tröster zu befassen, sondern *wißt* einfach. So, wie ihr Wolken beobachtet, die über die Felder ziehen, und zwar wißt, *daß* etwas sie bewegt, aber nicht, *was* es ist, so beobachtet diesmal einfach die Bewegung und wißt, daß „Bewegung" da ist, die Dinge bewegen und aufbrechen kann. Schaut die Natur in eurer Erde an, sie spricht als einer der direktesten Spiegel eures Bewußtseins zu euch.

Ihr seid weit davon abgekommen, mit der Natur vertraut zu sein, und etwas, was eure Seelen am meisten erleuchtet, ist eure Sehnsucht, euch in euren Beziehungen zu der Natürlichkeit all dessen, was um euch ist, zu sehen und zu spüren. Was bedeutet es, Tag für Tag die Sonne aufgehen zu sehen? In eurer Psyche erwachen ganz tiefe allegorische

Bedeutungen, wenn ihr die Wolken seht und die Kraft dahinter spürt, die sie bewegt; wenn ihr spürt, wie der Wind auch euch erfaßt und in irgendeine neue Formation schiebt. So etwas rührt Bereiche in euch an, die der Verstand nicht erfassen kann. Viele fahren dann in Urlaub und meinen wirklich, es seien die Martinis oder das Skifahren, die euch so begeistern. Doch die Freude kommt, weil ihr mit dem Wind und dem Schnee und dem Wasser und all der Natur zusammen seid und weil plötzlich alle die Symbole, die ihr seit Beginn eurer Erdenreise in euch tragt, in euch aufleuchten. Ihr spürt in der Umarmung dieses Augenblicks *die Kraft, die Liebe und das Leben dessen, was ihr das Göttliche nennt.* Die Dinge, die ihr in der Natur seht, sind Sinnbilder, die von jeher in euch leben und wenn ihr mit all ihren Erinnerungen in Kontakt kommt, werdet ihr erstarken. Nicht, weil ihr am Strand in der Sonne sitzt und wunderbar braun werdet, sondern weil ihr euch in der Freude, den Sand unter euch zu spüren und die Wellen ans Ufer schlagen zu hören und das Wunder der Sonne zu fühlen, an eure Verbindung mit alledem erinnert. Ihr seid ja so sehr kultiviert, und eine der Schwierigkeiten dabei ist, daß das Natürliche mißachtet und verleugnet wird. Kultur und Natur müssen aber nicht getrennt sein, meine Freunde! Es kann sogar eine wunderbare Vereinigung zwischen ihnen stattfinden. Und wenn ihr am Weihnachtsnachmittag wieder deprimiert seid, dann denkt daran: steht auf, geht hinaus und fühlt, worum es im Leben eigentlich geht. Öffnet euch und horcht und riecht und spürt und werdet lebendig und nehmt teil und gebt. Entzündet die Symbole in euch, die euch sagen, daß ihr ein Ziel habt; Symbole, die euch wissen lassen, daß *es einen Gott gibt und daß ihr in Ordnung seid.* Die Art von Bewußtsein, die in euch erwacht, sobald die

Erinnerung der Symbole in euch stimuliert wird, kann euer Leben wahrhaft verändern. Einfach vor dem Fernseher zu hocken, bewirkt nicht dasselbe — selbst, wenn euer Fußballteam gewinnt!

Ihr könnt den Tröster also riechen, hören, spüren und erleben wenn ihr aus eurer Isolation heraus in die Offenheit des Lebens tretet. Ihr braucht weiter nichts zu tun als euch zu öffnen und das neue Spüren zuzulassen. Es ist schwierig zu spüren, wenn ihr vor Qual und Pein ganz zusammengezogen seid. Aber wenn ihr euch geborgen wißt in der Unendlichkeit des Lebens, dann seid ihr sicher und könnt euch erlauben, zu fühlen. Sucht euch eure Plätze dazu sorgfältig aus, wählt euch mit Liebe und Sorgfalt einen Platz, an dem ihr sicher seid, bevor ihr euch öffnet. Und *wenn* ihr euch öffnet, dann wißt, daß das Gefühl, das euch durchströmt, der Tröster ist. Er ist ein Wirbel von Energie, der in dem Augenblick kommt, in dem ihr das Verlangen äußert, ihn zu spüren. Das Verlangen löst den Mechanismus aus, der durch euer Erinnern die Verbindung herstellt. Konzentriert euer Denken auf den Tröster wenn ihr euch einsam fühlt, wenn ihr Angst habt oder etwas braucht, das euch erfüllt und erhebt. Damit stellt ihr die elektromagnetische Verbindung her.

Wenn ihr versteht, daß ihr selbst der Auslöser seid, der euch mit den nicht-physischen Welten verbindet, dann beginnt ihr, euch von Schmerz und Leid und Kummer zu befreien. Es sind *nicht* die physischen Sinne, die euch am Leben halten, und doch meint ihr, durch das zu leben, was diese Sinne euch sagen. Ich bitte euch, einmal eine andere Sichtweise zu erlauben — selbst, wenn es nur für eine kurze Weile ist — und zu sehen, daß meine Behauptung, daß ihr ein wunderbar starker, schöner sphärischer Bewußtseinszustand seid, der die Quelle, aus der alles kam, *niemals verlassen* hat, zumindest ein Körnchen Wahrheit enthalten könnte. Ihr habt jenen Punkt der tiefen Kommunikation, wo ihr und die Quelle aufzusteigen und euch als menschliches Bewußtsein zu manifestieren wähltet, nie verlassen. Er ist nicht verloren gegangen und auch nicht verborgen. Diesen Punkt braucht ihr nur durch euer Bewußtsein zu aktivieren. Und genau das heißt es, in eigener Verantwortung eure Aufmerksamkeit tief in euch selbst hineinzulenken und euch zu entscheiden, den Tröster zu spüren. Ihr könnt den Tröster nicht erschaffen, er ist schon da. Jesus sagt, er wird euch alles lehren.

Er lehrt euch schon durch alle Zeiten. Es geschieht unentwegt, in euch und außerhalb von euch. Das Problem ist, daß ihr meistens nicht auf der richtigen Frequenz zuhört. Wunderbarerweise seid ihr kein Fernseher und auch kein Radio! Ihr könnt nämlich aus verschiedenen Frequenzen gleichzeitig empfangen und das Empfangene in eurem physischen Körper assimilieren. In diesem wunderbaren Körper, den so viele von euch verachten, gibt es einen Mechanismus, um das hereinkommende Material zu hören, zu empfangen und einzuordnen. Ihr wählt das, was ihr erleben wollt, genau so entschieden aus wie in einem Buchladen eure Bücher. Jedes Buch wählt ihr bewußt. Trefft die gleiche bewußte innere Wahl in jedem Augenblick! Haltet inmitten jeder schwierigen Situation inne und fordert: „Ich möchte *jetzt* den unglaublichen Frieden des Trösters erleben.“ Sagt, wenn ihr Angst bekommt, still: „Ich möchte *jetzt* den Frieden des Trösters erleben.“ Euer Wunsch ist der Auslöser.

Viele von euch haben sich an irgendeinem Punkt ihres Lebens dafür entschieden, allein zu sein. Ihr erkennt entweder, daß dies sehr weise war und macht das Beste daraus, oder ihr verschwendet Energie mit Klagen und Überlegungen, wie ihr den Zustand wieder ändern könntet. Wenn euer Schicksal eine tiefe und dauerhafte Beziehung für euch vorsieht, dann wird sie kommen! Selbst wenn ihr in einer Klosterzelle sitzt, wird jemand an die Tür klopfen, ihr werdet es für nötig halten, aufzumachen, und so wird die Beziehung beginnen. Wenn andererseits die Lektion in diesem Abschnitt eures Lebens die Entdeckung ist, wie ihr ganz allein in eurem eigenen physischen Körper das wundersamste Gefühl von Genährtsein, Erfüllung und Kraft erzeugen könnt, das möglich ist, dann wird es so sein. *Vertraut* bitte allem, was euch geschieht. Wer der Kraft seines eigenen Lebens nicht vertraut, wird immer glauben, daß alles irgendwie ein Unglück ist, daß etwas falsch gelaufen ist, daß der Mechanismus kaputt gegangen ist oder jemand Sand ins Getriebe gestreut hat, und daß ihr insgesamt zu einem „schrecklichen“ Leben verdammt seid. Aber alles, was euch begegnet, geschieht buchstäblich nach eurem eigenen vorgegebenen Muster.

Ich habe schon davon gesprochen, daß ihr mit einem ganz spezifischen, ungeheuer *offenen* Plan geboren werdet, nach dem euer Schicksal sich in jedem Leben entfalten wird. Nun, Freunde, falls ihr eine Reise in den Fernen Osten plant, dann findet ihr sicherlich heraus, wie man dahinkommt, und ihr wißt, wohin ihr wollt und ihr seid auch so klug, die passende Ausrüstung mitzunehmen. Meint ihr nicht, daß ihr dieselbe Weisheit walten laßt, bevor ihr auf die Erde kommt, in diese Art von Experiment? Meint ihr wirklich, ihr hättet nur die Weisheit eurer Erdensphäre zur Verfügung? Erscheint es euch nicht möglich, daß Weisheit auch außerhalb von Zeit und Raum, außerhalb der Körperform operiert, und daß ihr euch nicht entschließen würdet, vierzig, fünfzig, achtzig Jahre hier zu verbringen, ohne irgendeine Art von Idee, wohin ihr gehen oder was ihr erleben wollt? Wenn ihr dies alles logisch betrachtet, folgt daraus nicht, daß ihr die Zeiten außerhalb der Begrenzungen eures Körpers, in einem umfassenderen Bewußtseinszustand, darauf verwenden würdet, vorsorglich Lebensentscheidungen für das Wohl des Ganzen zu treffen, nicht allein für euch selbst, sondern zum Wohle des Planeten? *Nichts* geschieht in den großen Zügen eures Lebens durch Zufall. Ich meine nicht, daß ihr schon geplant habt, welches Auto ihr kaufen werdet, aber die großen, kraftvollen Pinselstriche eures Lebens habt ihr längst mit gekonnter Anmut und Harmonie festgelegt, bevor ihr hierher kamt. Wenn ihr *selbst* alles so geplant habt, dann muß alles auf irgendeine Weise gut und richtig sein, dann müßt ihr auch irgendwie die für euer Leben erforderlichen Kräfte erhalten. Wenn ihr euch dieser Möglichkeit öffnet, kann die innere Vision auftauchen. Was immer euch sinnvoll erscheint, wird eure innere Vision enthüllen — denn es gibt euch Mut. *Innenschau gibt euch Mut;* den Mut, auf die Weisheit eurer eigenen verborgenen Planung zu vertrauen und durchzuführen, was immer ihr geplant habt. Eure innere Vision führt euch darin so klar, wie es nur irgend möglich ist. Sie gibt euch die Sicherheit, daß *jeder* Tag eures Lebens einen Sinn hat. Ihr seid manchmal verzweifelt oder deprimiert, weil ihr ganz vergessen habt, daß wirklich jeder Tag eures Lebens einen Sinn hat. Immer, wenn ihr etwas von jenen Wahrheiten praktiziert, die euch Kraft geben — Liebe, Humor, Weitsicht, Annehmen, Mut, Disziplin, Weisheit, Güte, Geduld usw. — baut ihr in euch an jenem inneren Energiefeld weiter, das es euch leichter macht, auch an

„schlimmen" Tagen mutig zu bleiben. Es bringt um euch herum einen elektromagnetischen Strom in Gang, der auch den Menschen eures Umfeldes die Gelegenheit gibt, gleichfalls kühner und mutiger zu werden. Dann können auch sie hinausgehen und im Leben anderer etwas bewirken. Wenn ihr euch nur dafür *entscheidet*, beginnt sich alles in eurem Leben zu verändern. Und es trägt zu eurer Bewußtheit bei.

Die spirituellen Lehrer haben euch nicht deshalb unterschiedliche spirituelle Disziplinen eingehämmert, weil an irgendeiner davon irgendetwas besonders heilig wäre, sondern weil sie euch gerne überlisten möchten: nämlich, euch zu erinnern. Kommt es euch nicht verrückt vor, daß es so viele verschiedene Wege gibt? Na bitte, könnte es nicht sein, daß hinter all diesen Unterschieden unser einziger Wunsch steckt, euch zu helfen, daran zu denken und den Strom einfach einzuschalten, der zwischen euch und dem, was ihr sucht, fließt? Diese liebende, unterstützende Energie umschwebt euch schon immer. Selbst in jenen allerschwärzesten Momenten, wenn ihr euren Zorn hinausschreit, seid ihr umgeben von allem, wonach ihr sucht. Aber gerade dann verbeißt ihr euch erneut in einem uralten Muster des „Festhaltens". Euer gesamtes physisches und emotionales „Gefährt" friert sozusagen ein. Plötzlich werdet ihr still, weil ihr nicht mehr Schmerz spüren wollt, als ihr ertragen zu können meint. Wenn ihr endlich feststellt, es gehe euch besser, es tue nicht mehr so weh, dann deshalb, weil ihr anfangt, innerlich loszulassen. Und alle die inneren Symbole, die ihr in jenem frostigen Zustand nicht entdecken konntet, fangen ganz, ganz langsam im Auftauen an, wieder zum Leben zu erwachen. Und sie sagen euch zutiefst innerlich, daß ihr diesem Prozeß vertrauen könnt. Dann entsteht und erstarkt, von einer Minute auf die andere, von einem Tag zum anderen, manchmal auch erst von einem Jahr aufs andere euer Vertrauen wieder. Jene Symbole, die euch versichern, daß ihr dem Leben vertrauen könnt, sind tief in euch eingebettet. Denkt also daran: vor allem ihr, die tief „belastet“ waren oder sein werden, daß es zuerst wie ein Einfrieren ist, und dann taut ihr langsam und sachte wieder auf, und die Symbole kommen in dem Maße, wie ihr sie annehmen könnt, wieder zum Leben. Jene unter euch, die andere in ihren schwersten Zeiten lieben, sollen sie unbeirrt in ihrer Wärme und Fürsorge halten, das unterstützt den Prozeß des Auftauens. Worte helfen dabei nicht! Eure liebende Energie ist das einzige, was ihr ihnen geben könnt, das einzige, was offen und stark genug ist. Schenkt ihnen von eurer Energie und erlaubt ihnen wortlos, sie für ihr Auftauen zu benutzen. Es gibt niemanden, der nicht, wenn sein Verlangen danach stark genug ist, in eine tiefere Beziehung mit dem Leben gelangen könnte, das euch immer umgibt, insbesondere mit der Energie des Trostes, des Trösters.

Weshalb ich euch ständig an den Tröster erinnere? Weil der Tröster diesen wichtigen Job hat. Sein Wirbel von Energie hat eine Absicht, einen ganz ausdrücklichen, bestimmten Sinn; ebenso, wie euer Leben ein ausdrückliches und ganz bestimmtes Ziel hat. Wenn ihr also nach dem Tröster ruft, damit er tun kann, wozu er hier ist, dann könnt ihr augenblicklich an ihm teilhaben. Es gibt fast in jedem bewußten Augenblick eures Lebens einen Weg, um euch mit dieser Energie zu verbinden. Menschen, die das erreichen, werden von euch „erleuchtet“ genannt und das ist ein passender Ausdruck, weil man auch sagen könnte, daß sie ihr Licht angeschaltet haben. Der einzige Unterschied zwischen jedem von euch und einem „Erleuchteten“ ist der, daß dieser auch wirklich an die Existenz einer Energie glaubte, die sein Leben auf ganz direkte Weise bereichern würde. Und er beschloß einfach, es auszuprobieren! Wenn ihr darauf wartet, bis es euch „bewiesen" wird, müßt ihr lange warten. Freunde, probiert's aus! Traut euch!

Was würde passieren, wenn ihr euch vornehmen würdet, euch von heute an ein Jahr lang jeden Tag so oft wie nur möglich zu „erinnern"? Das ist genau die richtige Einstellung! Das „Göttliche" ist immer entzückt, wenn ihr es als Herausforderung nehmt. Was ist, wenn ich euch anlüge? Könnte ja sein. Ich möchte euch aber viel lieber beweisen, daß alles stimmt — und das würde geschehen, falls ihr euch entschließen könnt, es mal zu riskieren. Ihr lest so viele Bücher, um Mut zu bekommen, es auszuprobieren. Ein Problem scheint nur, daß manche von euch hunderte Bücher gelesen haben, aber sobald es Zeit für das „Wagnis" ist, sind sie verwirrt, weil es so viele Wege zum Licht gibt. Ich möchte euch vorschlagen, ganz nach innen zu gehen und eurer Seele zu bekennen, daß ihr nun bereit seid, Liebe und Frieden und Kraft zu fühlen und zu wagen. Ihr geht natürlich ein gewisses Risiko ein, denn was ist, wenn einfach nichts da ist? Wenn sich herausstellt, daß es nichts anderes gibt, gegeben hat oder geben wird als das Ego mit seinen Egoreaktionen? Das bleibt immer das letzte Risiko. Habt ihr den Mut, eventuell herauszufinden, daß es wirklich nichts anderes gibt, als das, was ihr jetzt erlebt? Es *ist* absolut keine Frage, daß es in Wahrheit eine Kraft gibt, die das Göttliche genannt wird, die zu euch kommt, euch lehrt und führt, die euch liebt und umarmt. Diese Kraft ist wirklich! *Ihr wißt schon, daß das so ist,* sonst würdet ihr nicht eure Zeit hier verschwenden. Ihr seid wie der Turmspringer, der flott zum Rand des Sprungbretts läuft und dann zögert — er weiß, daß das Wasser da ist und weiß, daß er springen kann, er wartet nur auf den richtigen Augenblick. Also sitzen wir sonntags hier, meine Freunde, und reden miteinander, und dann geht ihr heim und tut, was immer ihr wollt, bis zu jenem richtigen Augenblick, wo alle eure Energie aufflammt — und ihr springt! Und ich freue mich daran, hier mit euch, wie ihr immer sagt, „herumzuhängen", bis es für euch so weit ist.

Ich möchte euch so gern noch an eine Wahrheit von meiner Seite des Lichtes aus erinnern. Bitte, hört mir zu. Man hat euch erzählt, daß dies hier der Kindergarten des Universums sei, daß ihr irgendwie Kinder seid, noch nicht ganz soweit wie andere. Ich möchte euch sagen, wie ich es sehe. Ihr habt eine der schwersten Aufgaben in der ganzen Schöpfung übernommen — nämlich, fähig zu werden, die leichteste, flüchtigste Energie zu spüren, die ihr Gott nennt; und das auf einem Planeten, der einer der dichtesten in der gesamten Schöpfung ist. *Ich nenne das mutig.*

Das Göttliche muß in allen Teilen der Schöpfung erkannt werden. Menschliche Form anzunehmen und kühn den Versuch zu starten, das exakte Gefühl einer so illusorischen Kraft in der Dichte des Erdplaneten zu erwecken und zu erleben, ist eine absolut erstaunliche Tat. Ihr müßt euch für euer Experimentieren drumherum nicht entschuldigen. Die Aufgabe ist ganz klar. Ihr habt sie verstanden, als ihr herkamt. Wenn ihr auf einem dichten Planeten das Göttliche spürt, erhöht ihr die Kraft, die ihn umgibt. Dieser Planet ist auf einer Evolutionsreise, und jedesmal, wenn einer von euch sich bewußt mit dem Göttlichen verbindet und diese Kraft spürt, vergrößert er damit gleichermaßen die Chancen aller anderen, dasselbe zu erleben. In Wahrheit ist dies eines der mutigsten Experimente in der ganzen

Schöpfung, und ich bitte euch, das anzuerkennen. Das Göttliche muß in allen Teilen des Ganzen gespürt werden, und das ist euer aller Aufgabe. Und ich möchte euch gerne danken; denn in meinem Bewußtsein reise ich auch in andere Bereiche, und deren Bemühungen sind anders, aber *nirgends* habe ich ein mutigeres Unterfangen gesehen. Deshalb kann ich wohl sagen, daß euer ureigener Ausdruck des Göttlichen im gesamten Universum geschätzt wird. Also, erinnert euch daran, *daß* es eine schwierige Aufgabe ist und wie sehr ich eure Bemühungen anerkenne. Ich ehre eure Entscheidung, euer Bewußtsein nicht einer vielleicht leichteren Aufgabe zugewandt zu haben. Wißt, daß es funktioniert. *Es funktioniert wirklich.* Also vielen Dank! Und euch allen danke fürs Zuhören.

Nachwort

von Mary-Margaret Moore

Die Entscheidung, was in dieser Erläuterung stehen sollte, hat sich als viel schwieriger erwiesen als die sieben Jahre des „Channelns“ der in diesem Buch gedruckten Durchgaben. Welche Themen würden für die größte Anzahl von Menschen von größtem Interesse sein? Schließlich entschied ich mich dafür, solche Fragen herauszugreifen, die auch mich selbst am meisten interessierten, und nun hoffe ich, daß das auch für euch gilt. Was ist es für ein Gefühl, wie ist es für mich, der „Kanal“ für eine „höhere“ und „weisere“ Energie namens Bartholomäus zu sein?

Zuerst setze ich mich ruhig hin, atme tief ein und aus und spüre, wie mein Atem den Körper entspannt. Dann formuliere ich meine Absicht; ich sage etwa: „Ich bete zu der höchsten Macht, die ich erreichen kann, daß du hier nur Wahrheit manifestierst und daß für alle Beteiligten nur das höchste Wohl daraus entsteht. Bitte, hilf! Wir sind dankbar.“ Dann warte ich, bin entspannt im Augenblick, die Augen geschlossen, aber wach und aufmerksam. Nach einigen Sekunden baut sich die Kraft um mich herum und in meinem Körper allmählich auf. Ich scheine lebendiger, wacher und bewußter zu werden. Oben durch meinen Kopf kommt ein Kribbeln herein, das den Nacken und die Schultern hinunterläuft und sich in der Brustgegend niederläßt. Ich habe jetzt das Gefühl, mit dem, worauf ich sitze, eins zu sein — es gibt keine Unterscheidung mehr zwischen „ich“ und „Sofa“. Der Raum um mich herum füllt sich mit einer stillen Lebendigkeit. Fragen und Antworten scheinen irgendwie in den Energiemustern enthalten zu sein, die mich (und die oft anwesenden Gäste) umschwirren. Ist dieses Gefühl zu einer gewissen Intensität angewachsen, „weiß" ich, daß wir anfangen können. Ich öffne die Augen. Oft erscheint mir dann der Raum und alles, was darin ist, als weiches, gelbes, tanzendes Licht. „Persönlichkeiten" verschwimmen und treten in den Hintergrund; etwas „anderes" tritt in den Vordergrund und ist leicht zu sehen. Ich habe mir lange den Kopf zerbrochen, was dieses „andere" sein könnte. Vielleicht die Seele? Das tiefinnere Ich? Die Gesamtheit der Liebesaugenblicke aus der Vergangenheit eines Menschen? Wie wir es auch nennen mögen — es *fühlt sich an* und *sieht aus* wie eine schöne, sich kraftvoll bewegende Energieerweiterung, die von endlosen Möglichkeiten erfüllt zu sein scheint. Es ist dieser Teil in uns allen, mit dem ein Austausch geschieht und aus dem alle Botschaften kommen.

Dann fließt die Energie still zwischen dir und mir hin und her und bildet eine Art unsichtbaren Weg, über den wir hin und her gehen können. Wenn dieser Weg deutlich spürbar geworden ist, beginnt der Raum um mich herum sich in verschiedene Bereiche aufzuteilen. Es ist, als befändest du dich im Zentrum eines wunderschönen Farbspektrums. Einige Teile sind durchscheinend wie Glas, andere dunkler und weniger klar. Wir begeben uns in diese dunkleren Bereiche hinein und verbringen die meiste Zeit damit, ihren Inhalt zu untersuchen. Ich habe den Eindruck, daß es eines der wichtigsten Ziele der Menschheit ist, die Schwingungen dieser dunkleren Regionen anzuheben, bis auch sie ganz klar und harmonisch sind. Mein Bewußtsein geht also hinein und „schaut sich um", und schon fließen die Worte.

Haben wir so ein Gebiet durchquert, gehen wir weiter in den nächsten Bereich.

Die Kapitel dieses Buches sind hauptsächlich öffentlichen Sitzungen entnommen, die etwas sehr anderes sind als Einzelsitzungen. Im Beisein vieler Menschen ist der Vorgang bis zum Öffnen der Augen derselbe. Dann stimme ich mich bewußt auf die Gruppe ein und „suche nach dem Weg in sie hinein". Er taucht nach ein paar Sekunden auf, und ich lasse dann mein Bewußtsein diesen offenen Weg hinuntergehen, bis ich zu einem Halt komme und mich still und gut in der Mitte fühle. Dann — das ist schwer zu beschreiben — scheint mein Bewußtsein sich auszudehnen, bis es alle Menschen in dem Raum umfaßt. Ist das geschehen, beginnen die Worte zu fließen. Ich nenne das Thema, das einen Augenblick zuvor gewählt wurde, und beginne dann, mich „in" diesem Themenbereich herumzubewegen. Für dich als Leser ist es wichtig, zu verstehen, daß es Tausende von Dingen gibt, die in jedem dieser Bereiche gesagt werden könnten. Aus diesem Grunde und auch, weil ich erst beim Erlernen meines Handwerks bin, fühle ich mich manchmal von der Fülle der Möglichkeiten überwältigt. Die ersten Sätze bilden sich oft abgehackt und zögernd. Aber dann komme ich in Fluß und finde Wege in jene Bereiche, wo die kombinierten Energien aller Menschen im Raum mich am meisten benötigen. Mein menschliches Element ist durchaus vorhanden, denn ich bin *nicht* in Trance, noch hat irgendeine separate Wesenheit „von mir Besitz ergriffen". Mein Bewußtsein ist sehr gegenwärtig, lediglich mein Egogefühl scheint in den Hintergrund zu treten und dieser kühneren, sich schneller bewegenden Energie die Führung zu überlassen.

Was ich hier berichtet habe, ist sehr wichtig, um dieses

Buch wirklich verstehen zu können, denn diese sind den öffentlichen Sitzungen entnommen und wurden nur *redigiert,* nicht neu geschrieben. Wir wollten dadurch ein wenig von der Individualität dessen, was wir die Bartholomäus-Energie nennen, einfangen. Das Buch liest sich nicht wie ein Roman, der den Pulitzer-Preis verdient, doch wäre das auch nie beabsichtigt.

Noch eine andere Frage stellt sich in diesem Zusammenhang, und zwar, was von den oft widersprüchlichen Antworten auf dieselbe Frage zu halten sei. Meine eigene Antwort darauf kommt aus einer grundlegenden Einsicht, die ich durch die Bartholomäus-Energie gewonnen habe, nämlich daß es *die* WAHRHEIT, wie wir sie begreifen, *nicht* gibt. Wir Menschen scheinen zu erwarten, daß wir eine gerade Straße namens „Leben" (und die sich oft wie „Tod" anfühlt) entlanggehen, und wenn wir schließlich am Ende angelangt sind, ein riesiges „Buch der Wahrheit" vorfinden, dessen Weisheit wir dann in uns aufnehmen. Und haben wir alles, was darin steht, aufgenommen und verdaut, meinen wir, jetzt wissen wir *die Wahrheit.*

Meine Arbeit hat mich jedoch etwas anderes gelehrt, das ich viel aufregender, lebendiger und auch wahrscheinlicher finde. Das zeigt sich deutlich, wenn ich mit anderen Menschen arbeite. Wenn du eine Frage stellst, spüre ich eine Antwort, die bereits Teil deiner Frage ist. Eine Antwort, die der eine Mensch erhält, muß also anders sein als die für einen anderen Menschen auf dieselbe Frage. Jede Antwort ist ein Teil *deiner* Ganzheit, und sie ist einzigartig und schön. Die Ganzheit eines anderen Menschen hat andere Bewegungen von Vergangenheit, Gegenwart und Zukunft, also müssen seine Antworten anders sein. So sei beim Lesen des Buches bitte bereit, diese verschiedenen Sichtweisen auf ein- und dasselbe Thema anzunehmen. Antworten oder Kommentare kommen immer aus der Energie, die ich gerade vor mir habe, und nie aus irgendeinem „Lager von Weisheit", aus dem sie fix und fertig herausgezogen und in jedem Augenblick der Gegenwart „eingegeben" werden könnten. Sobald wir uns also über unsere alten begrenzten Standpunkte hinaus ausdehnen können, finden wir alle Möglichkeiten, auch in unserem Sinn für Wissen und Unbegrenztheit unendlich viel größer werden.

Noch eine Frage, die mir am häufigsten gestellt wird: Wer oder was ist Bartholomäus? Ich kann nur antworten: „Ich weiß es nicht, und es ist mir wirklich egal." Ich arbeite mit dieser Energie, weil ich in all den Jahren die Erfahrung gemacht habe, daß sie mir und anderen hilft. „An ihren Früchten sollt ihr sie erkennen", und diese Energie habe ich inzwischen kennengelernt und vertraue ihr absolut. Ich weiß, daß sie äußerst liebevoll und um „andere" besorgt ist und uns hilfreiche praktische Hinweise gibt, wie wir unsere „Heimreise" lebendiger und kreativer gestalten können.

Ich kann jedoch wahrheitsgemäß ein paar Dinge sagen, die vielleicht spiegeln, was Bartholomäus ist:

1) Er ist ein Teil von mir, aber größer als ich oder das, was ich jetzt für „Ich" halte.

2) Er ist Energie — das weiß ich mit absoluter Sicherheit. Er ist eine Energie, die mich lebendiger, weiter und liebevoller macht — und ganz bestimmt humorvoller.

3) Diese Energie hat ein riesiges Spektrum der Wahrnehmung. Sie umfaßt Vergangenheit und Zukunft mit Leichtigkeit, Anmut und Genauigkeit. Sie geht in die Tiefen des Weltenbeginns und bringt Wissen daraus hervor, an das ich absolut keine bewußte Erinnerung habe. Ihr Spektrum erscheint mir „grenzenlos".

4) Die Energie beschäftigt sich eher mit spirituellen Fragen als mit karmischen. Fragen wie: „Werde ich jemals Geld haben?“ oder „Werde ich Joe heiraten?“ Das überläßt man besser anderen, die auf diesem Gebiet arbeiten.

Es ist das Anliegen von allen, uns Hilfsmittel zu geben, um aus der Illusion der Getrenntheit von dem Einen zu erwachen — wieder und wieder hat sich das erwiesen. Bartholomäus kommt als Bruder und als Teil eines Universums der Gleichberechtigung zu uns, um uns an etwas zu erinnern, was wir schon wissen: daß wir eine illusionäre Welt der Getrenntheit sehen und daß uns dies schmerzt. Doch als Brüder und Schwestern dieser Energie und der ganzen Schöpfung haben wir in uns die Fähigkeit, das Eine zu kennen. Und es scheint Bartholomäus' liebevolle Aufgabe zu sein, uns daran zu erinnern, daß wir unsere Illusionen selbst erschaffen haben und daß wir sie, Gott sei Dank, auch beenden können.

Mary-Margaret Moore — 1984

Mary-Margaret Moore verbrachte die ersten achtzehn Jahre ihres Lebens in Hawaii und studierte dann fünf Jahre lang an der Stanford Universität in Kalifornien, wo sie zwei Titel erwarb. Auf ihrer jahrelangen Suche nach Bewußtseinserweiterung nutzte sie viele Techniken; angefangen bei denen christlicher Heiliger bis zu denen der Zen-Buddhisten. Sie arbeitet seit 12 Jahren mit der Bartholomäus-Energie und lebt derzeit im Norden von Neu-Mexiko.